Franziska Pfoser

AMIGURUMI Sternzeichen häkeln

Schlüsselanhänger und Glücksbringer

Franziska Pfoser

AMIGURUMI

Sternzeichen häkeln

Schlüsselanhänger und Glücksbringer

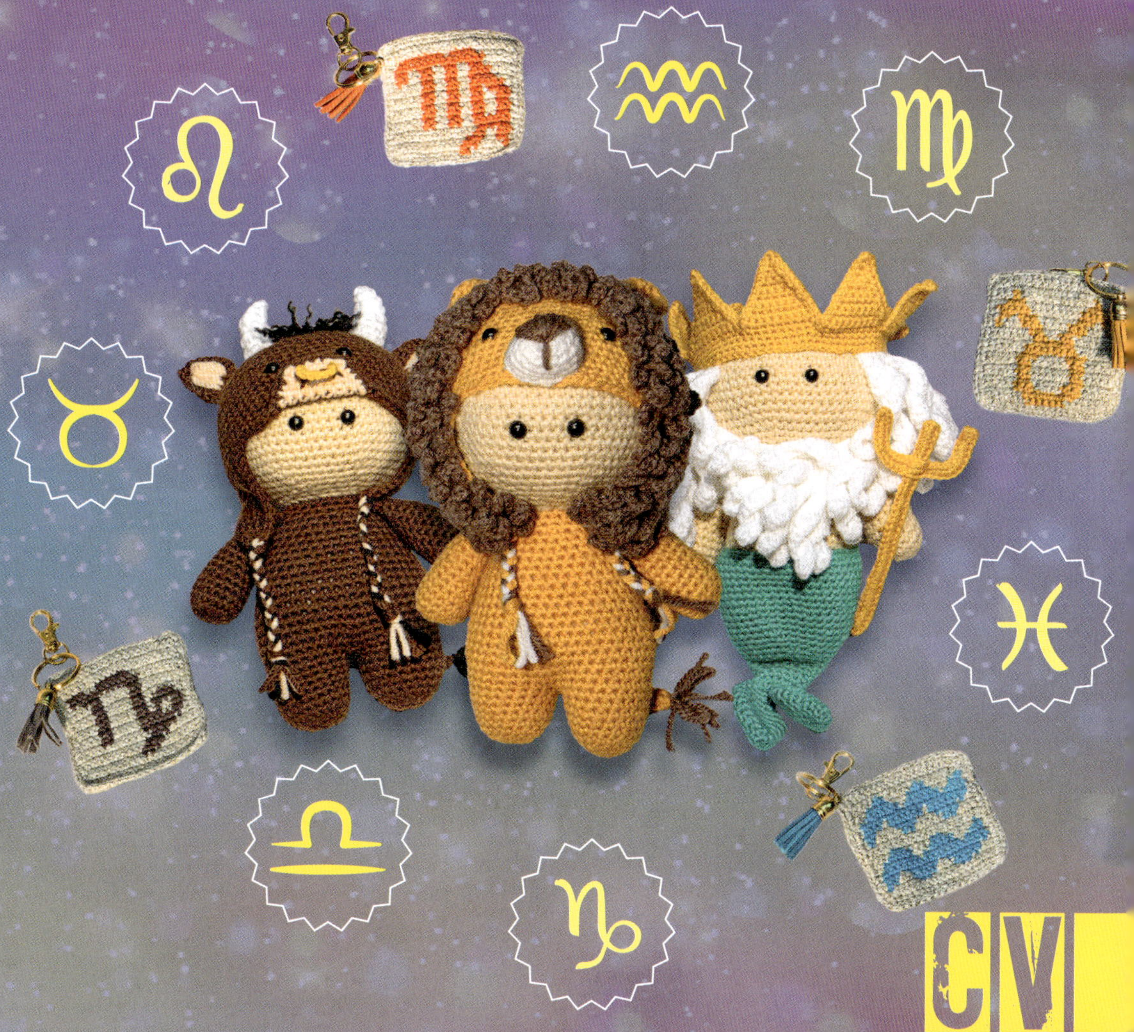

CV

INHALT

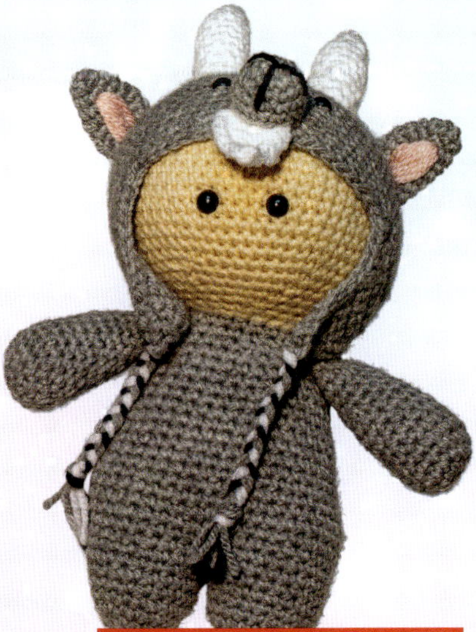

Steinbock 40

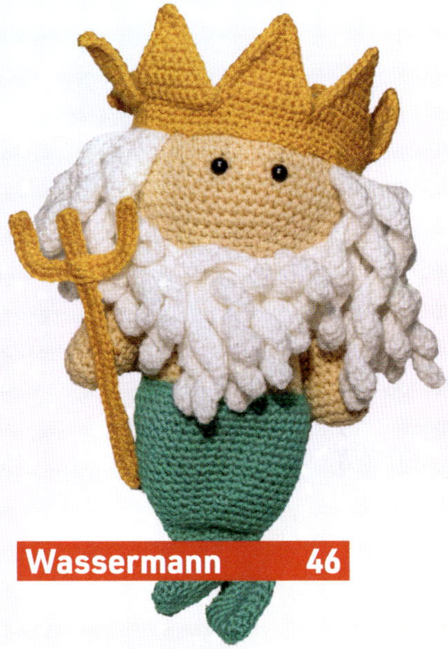

Wassermann 46

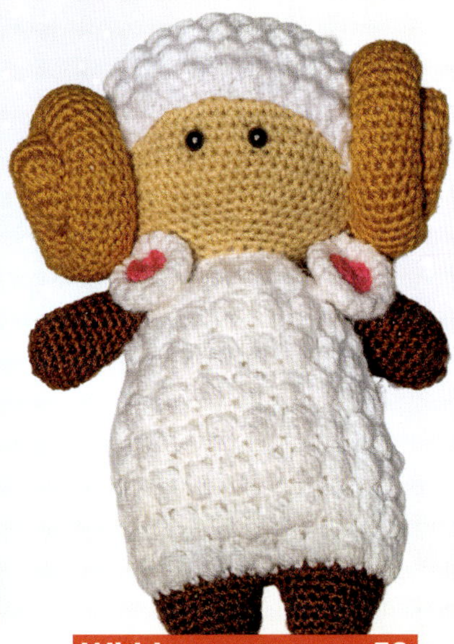

Widder 58

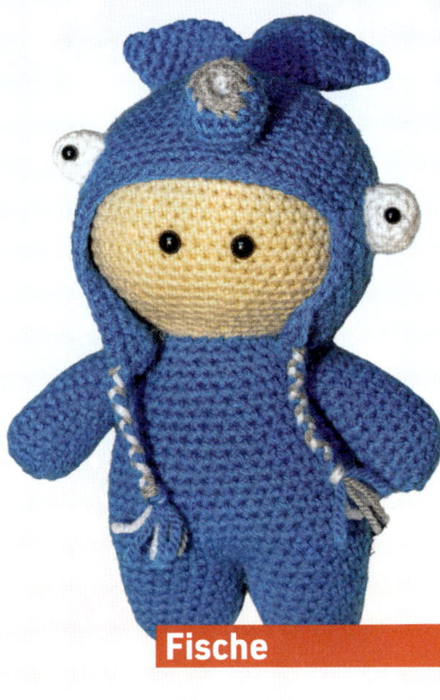

Fische 52

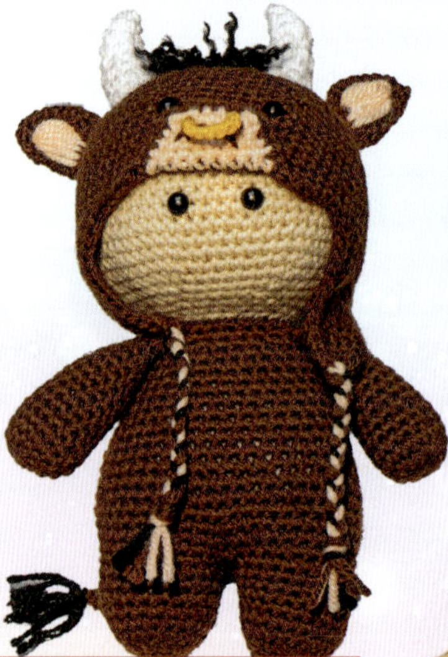

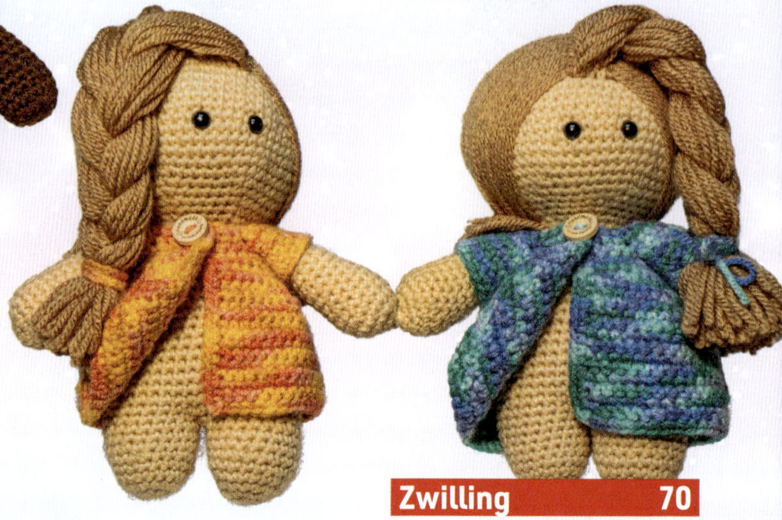

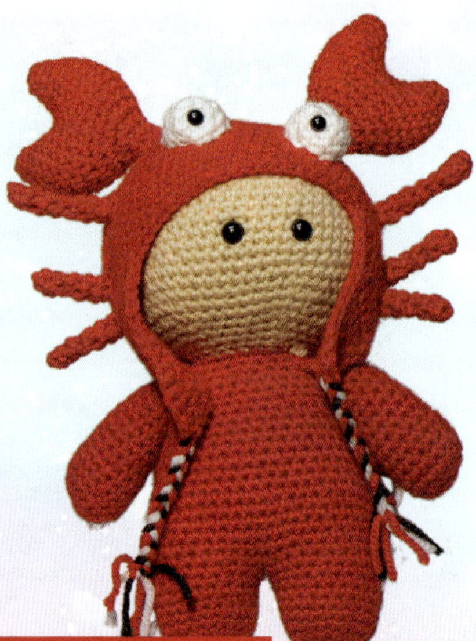

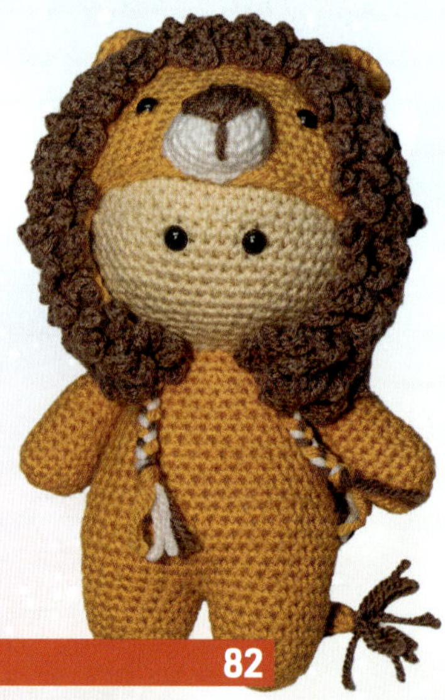

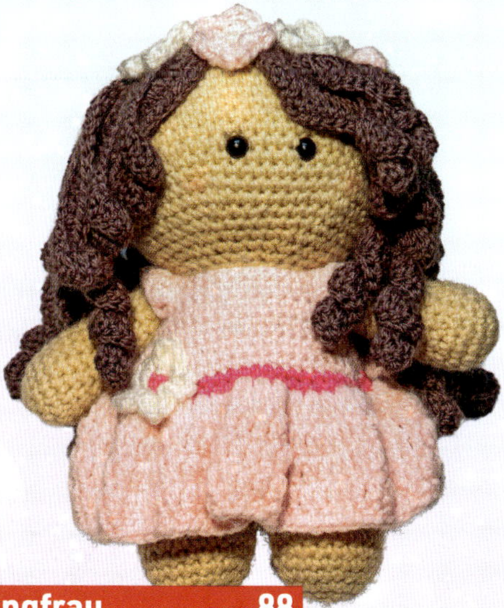
Jungfrau 88

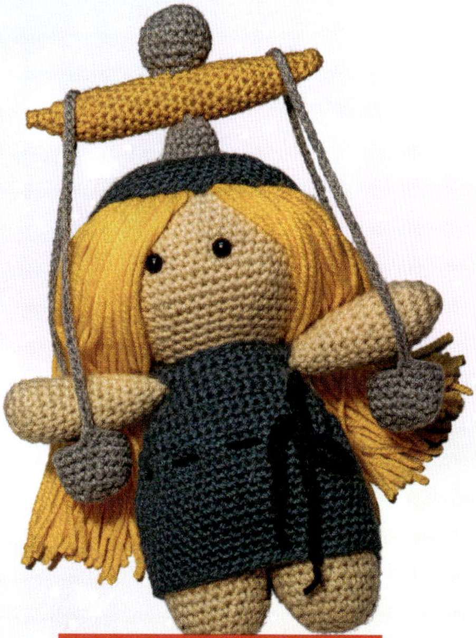
Waage 94

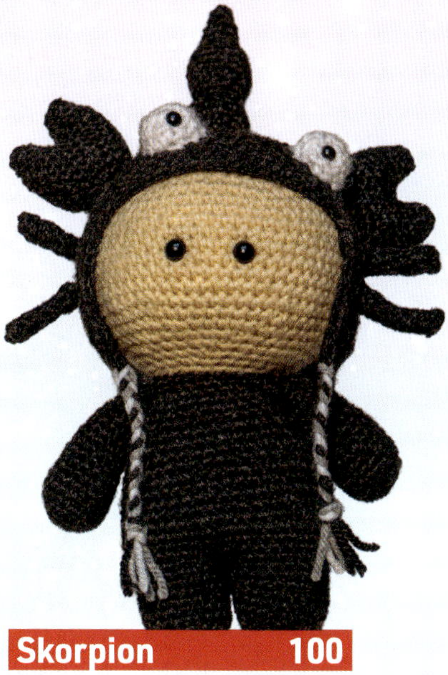
Skorpion 100

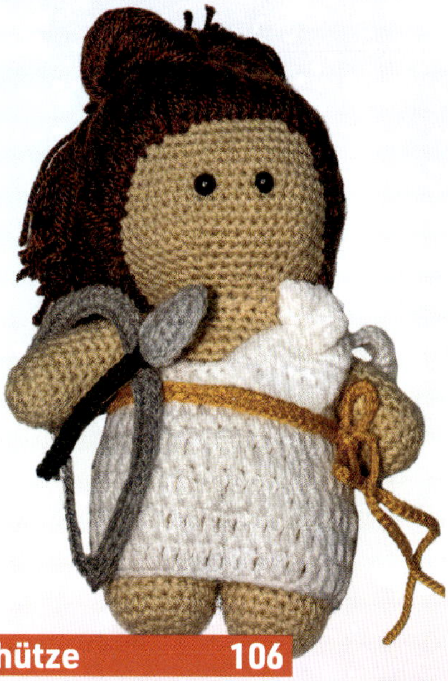
Schütze 106

VORWORT

Noch ein paar Jahre zuvor war das eigene Häkelbuch Lichtjahre entfernt. Ein großer Traum in weiter Ferne. Aber wie es manchmal so ist, kam plötzlich in Lichtgeschwindigkeit ein Buchprojekt, und dann das zweite. Und nun sind wir hier mit einem neuen funkelnden, leuchtenden Herzensprojekt.

Wer kennt sie nicht? Die zwölf Sternzeichen, die uns durch das Jahr begleiten.

Von Zeit zu Zeit lese ich immer mal wieder mein eigenes Horoskop – das der Jungfrau – und bin immer wieder erstaunt, wie zutreffend die Beschreibungen sind. Manchmal so sehr, dass ich das Horoskop lieber schnell wieder zur Seite lege. Nicht zur Seite legen solltest du aber dieses Buch. Denn hier wartet dein Sternzeichen (und alle weiteren) darauf, von deiner Nadel zu springen. Warte nicht, bis die Sterne richtig stehen. Starte jetzt und hier!

Bring die Sternzeichen zum Strahlen. Jetzt und hier, nicht nur am Himmel und in weiter Ferne.

Viel Spaß und ganz viel Stern-Funkel-Häkelfreude

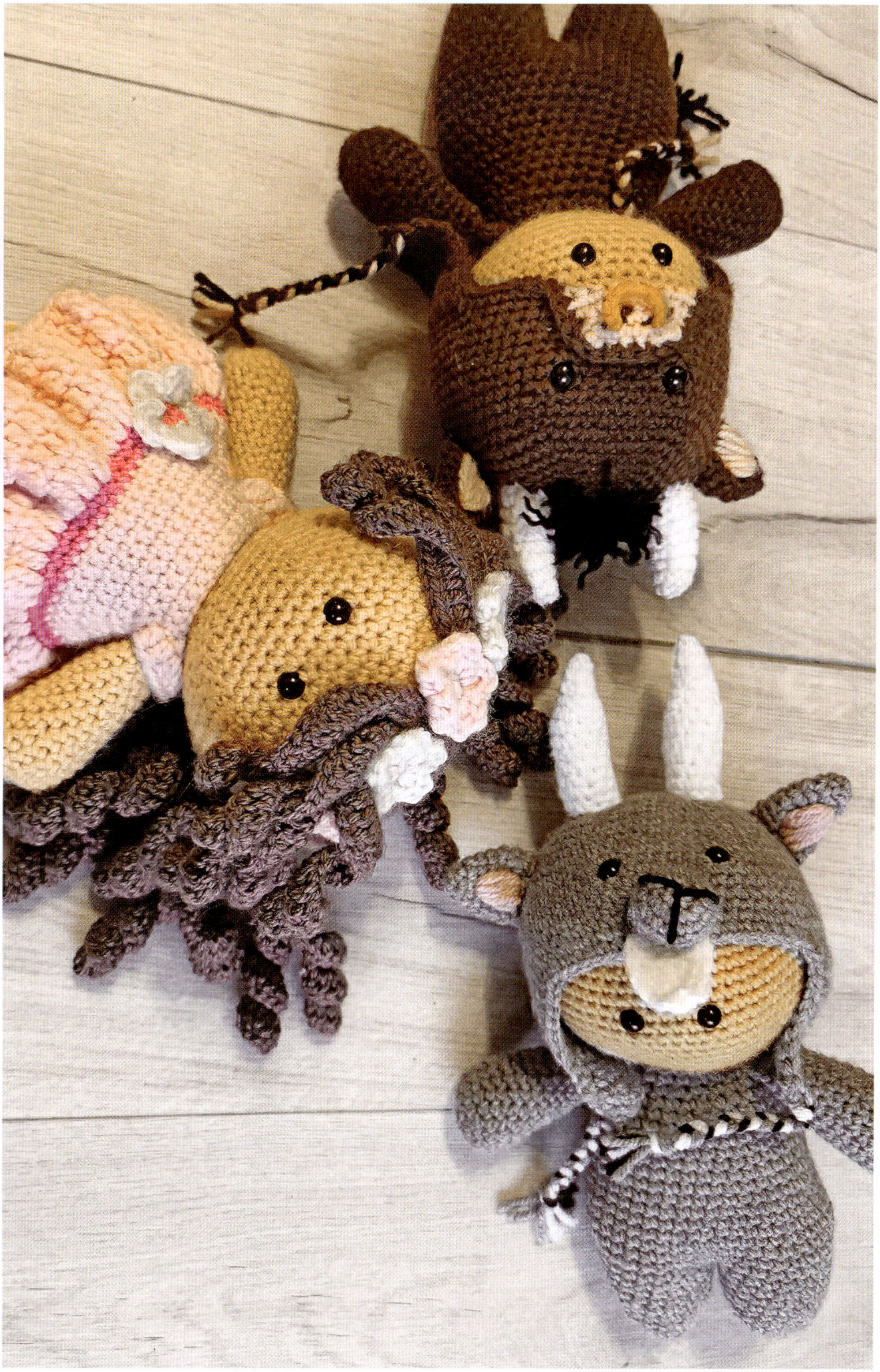

ÜBER DIESES BUCH

Als der CV-Verlag bei mir anfragte, ob ich denn Lust auf ein weiteres Buch habe, musste ich keine Sekunde lang überlegen. Ja natürlich, will ich! Ja, ich will, ich will, ich will!

Ob ich denn eine Idee hätte? Tausende!

Aber ein Projekt, welches ganz oben auf meiner Liste steht. Ein Projekt, welches nur auf den richtigen Platz gewartet hat. Ja, das gibt es:

die Sternzeichen!

Vier Elemente. Zwölf Zeichen. Alle mit individuellen Bedeutungen, Eigenschaften und Verbindungen.

Zwölf Projekte, welche auf unterschiedlichste Art und Weise umgesetzt werden könnten. In diesem Buch findet ihr jedes Sternzeichen. Alle im gleichem Stil, aber doch so unterschiedlich und einzigartig. Und nicht nur das: Neben zwölf wundervollen Amigurumi-Figuren findet ihr zu jedem Sternzeichen auch einen Anhänger mit dem entsprechenden Symbol. So könnt ihr euer Sternzeichen jederzeit mitnehmen und bei euch tragen. Aber nicht nur für euch selbst, auch für Freunde und Bekannte ist es doch ein wirklich tolles Geschenk oder Mitbringsel. Denn ein Sternzeichen hat jeder.

Ich würde mal behaupten, dass in diesem Buch wirklich für jede*n etwas dabei ist. So habt ihr nicht nur die klassischen Amigurumis, sondern Abwechslung beim Motiv-Häkeln. Keine Scheu, es ist halb so wild, wie es auf den ersten Blick vielleicht aussieht.

Jedes einzelne Sternzeichen ist einfach besonders. Mit viel Liebe zum Detail. Ein Stil – zwölf Charaktere. Ich liebe jede einzelne Figur, in jeder steckt so viel Liebe. Ich hoffe, es geht euch ganz genauso.

Lasst mich gerne teilhaben an euren Werken, verlinkt mich oder sendet mir Bilder, zum Beispiel auf Instagram @franzi_einfach_tierisch. Ich freu mich auf das Funkeln eurer Sterne!

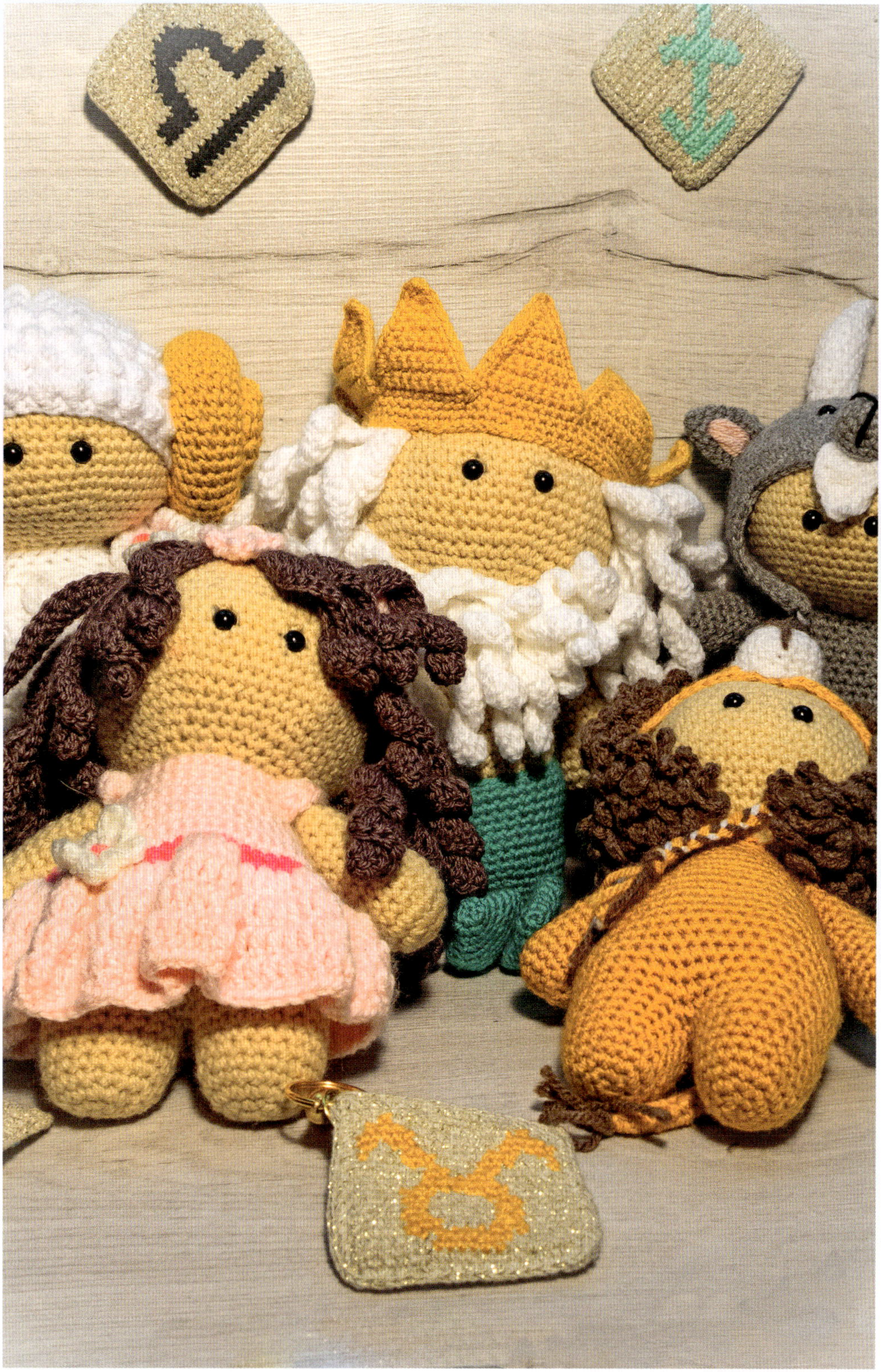

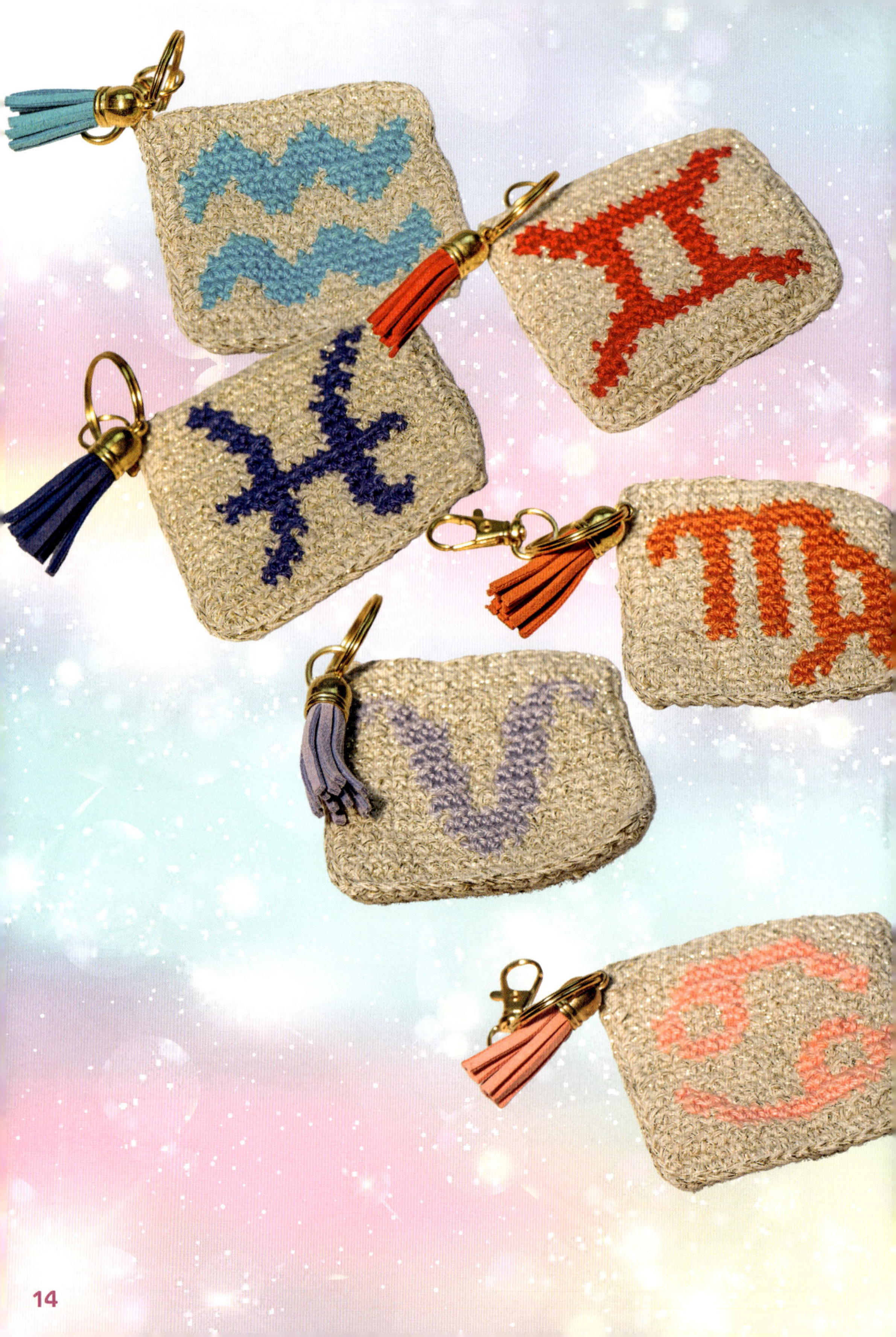

DIE STERNZEICHEN IM ÜBERBLICK

FREUE DICH AUF ZWÖLF WUNDERVOLLE STERNZEICHEN MIT DEN PASSENDEN ANHÄNGERN IM KLEINFORMAT!

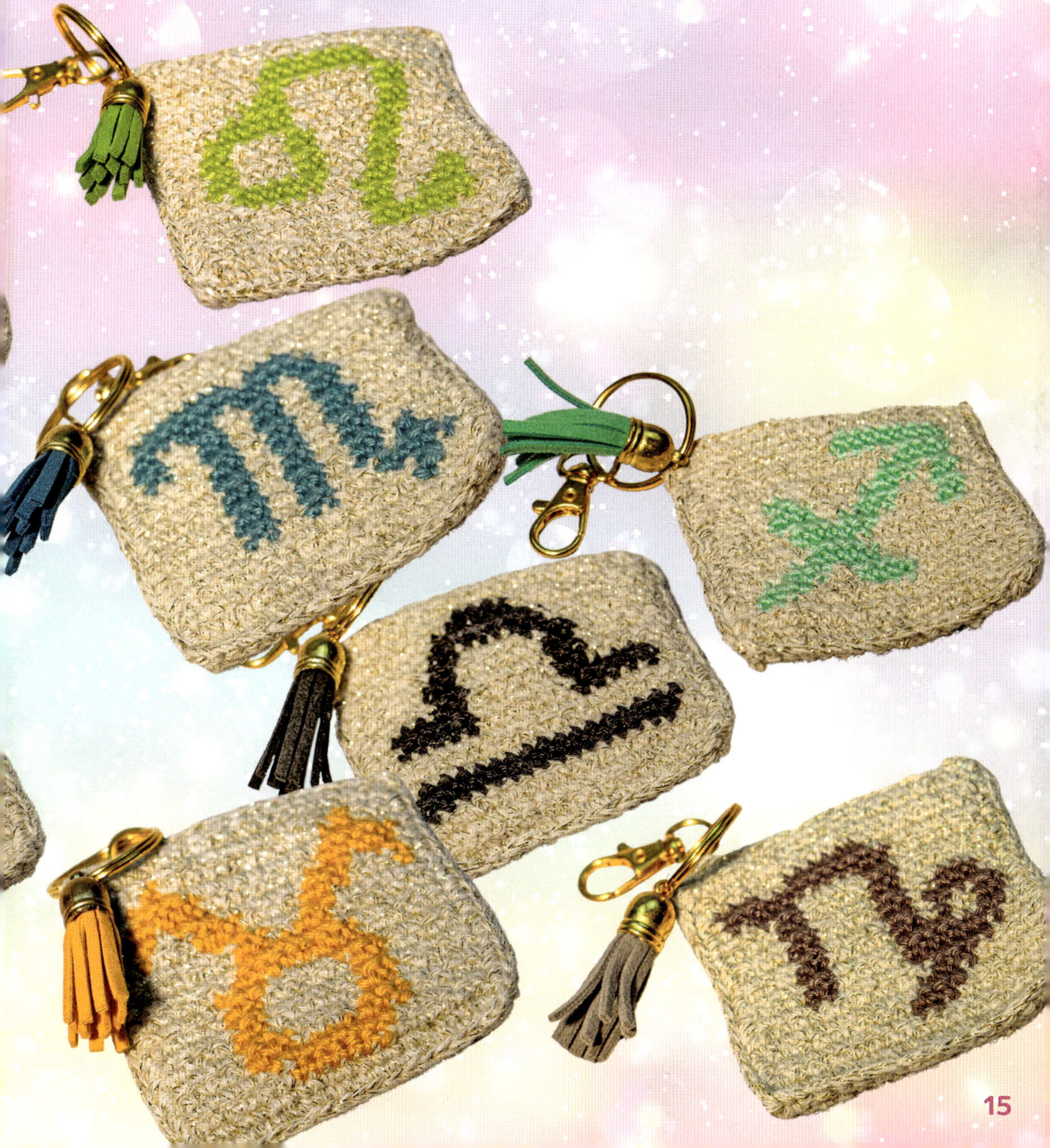

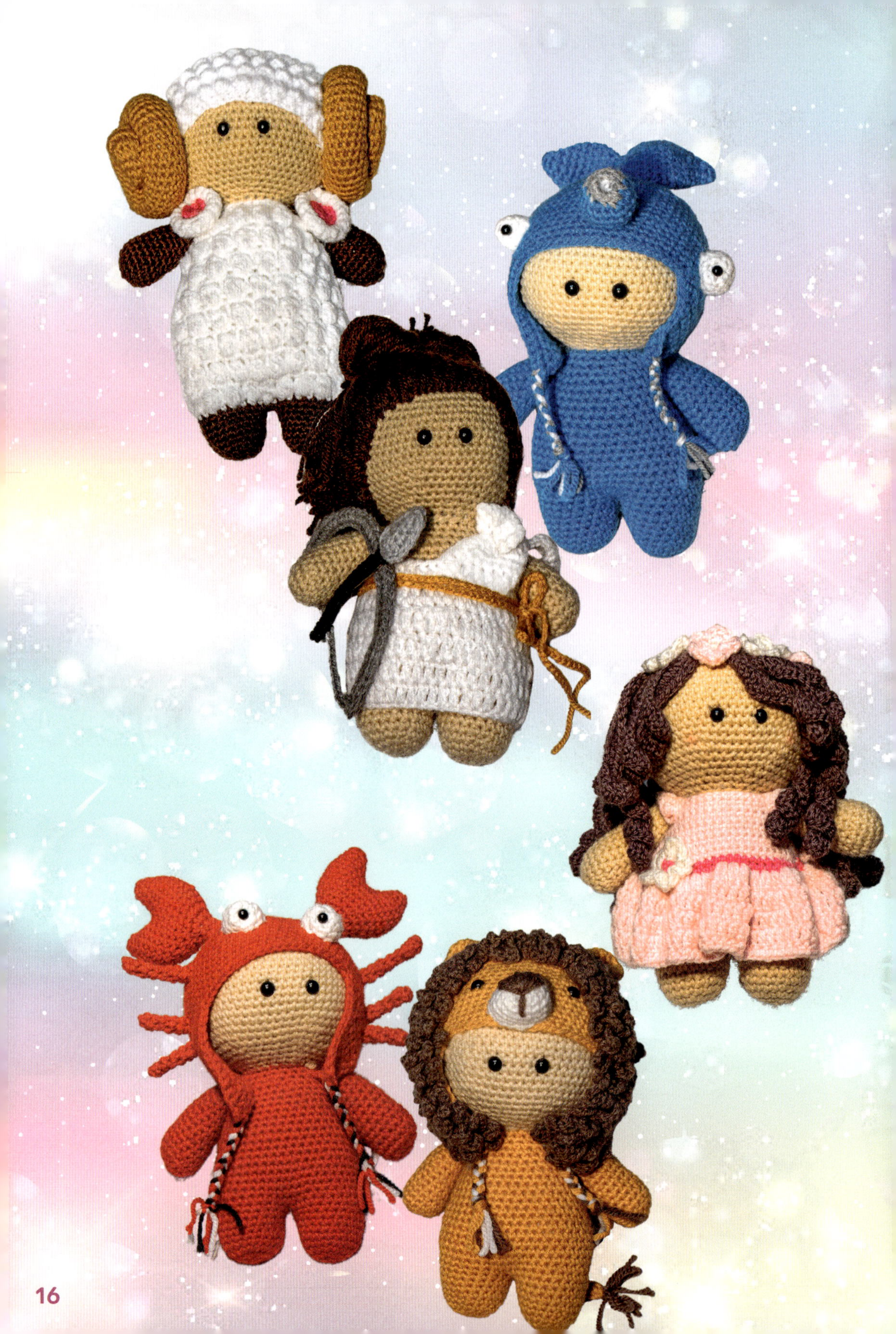

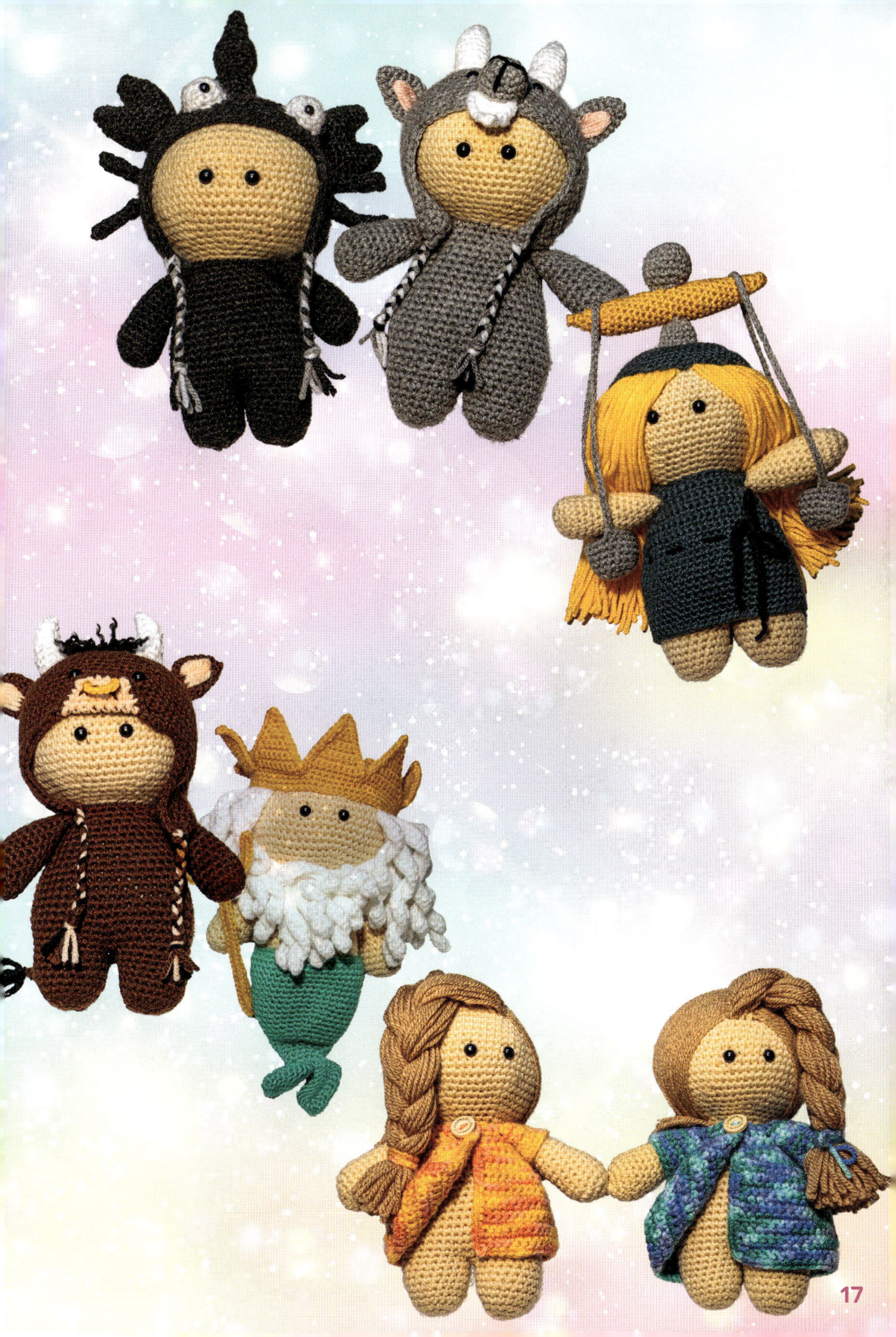

BEVOR ES LOSGEHT...

...lies dir die nachfolgenden Materialempfehlungen und Hinweise zu den Anleitungen durch, dann steht deinen Sternzeichen nichts mehr im Wege. Du findest im Nachfolgenden eine Übersicht aller Materialien, die du für die Projekte brauchst. Ebenso findest du Hinweise zu den Abkürzungen und wie du die Anleitung richtig liest. Solltest du dir bei manchen Maschen nicht sicher sein, dann wirf einen Blick in den Grundkurs Häkeln ab Seite 112. Dort sind alle benötigten Maschen noch mal erklärt.

DIE MATERIALIEN

Für deine Sternzeichen brauchst du verschiedene Materialien, für die du im Folgenden meine Empfehlungen findest. Du kannst natürlich auch mit jeder beliebigen anderen Wolle/Garn und Nadelstärke häkeln, so wie du dich wohlfühlst.

WOLLE/GARN:

Für die Sternzeichen-Anhänger und die Amigurumi-Figuren werden unterschiedliche Woll-/Garnarten verwendet. Die im Buch gezeigten Werke wurden mit folgenden Garnen gehäkelt.

STERNZEICHEN-ANHÄNGER:

- Scheepjes Twinkle – 130 m/50 g, 75 % Baumwolle, 25 % Polyester
- Lana Grossa Cotone – 125 m/50 g: 100 % Baumwolle

STERNZEICHEN-AMIGURUMI:

- Schachenmayr Bravo – 133 m /50 g: 100 % Polyacryl

Die Anhänger und Figuren können natürlich auch mit anderer Wolle gehäkelt werden. Achte aber darauf, dass die Lauflängen mit dem angegebenen Garn übereinstimmen. Anderenfalls kann es passieren, dass die Proportionen der Figuren nicht mehr stimmig sind.

HÄKELNADEL:

Wähle deine Häkelnadel entsprechend deiner Wolle.

Für die Anhänger, die mit dünnerer Wolle gehäkelt werden, empfiehlt sich eine Nadel der Stärke 2,0 mm.

Für die Figuren empfiehlt sich eine Nadel der Stärke 3,5 mm, wenn du mit der oben angegebenen Wollstärke arbeitest. Ich häkle immer mit der Addi Swing Maxi. Diese liegt mit der ergonomischen Form sehr gut in der Hand und ermöglicht langen Häkelspaß.

Wenn du eher locker häkelst, verwende eine Nadelstärke kleiner. Dadurch werden Löcher verhindert und die Füllwatte scheint nicht durch. Beachte außerdem, dass die Größe der fertigen Werke variieren kann, wenn du mit anderen Garnen und Nadelstärken arbeitest.

FÜLLWATTE:

Um die Amigurumis in Form zu bringen, werden sie mit Füllwatte gestopft. Diese besteht aus 100% Polyester und ist (maschinen-)waschbar. Mithilfe der Füllwatte können die einzelnen Körperteile sehr gut ausgeformt werden. Du kannst hier zum Beispiel die myBoshi-Füllwatte, Powerfüll oder jede andere (Füll-/Bastel-) Watte verwenden.

SICHERHEITSAUGEN:

Für die Sternzeichen-Amigurumis benötigst du je 2 schwarze Sicherheitsaugen in unterschiedlichen Größen (5–8 mm). Die Sicherheitsaugen werden vor dem Ausstopfen eingesetzt und von innen mit einer Verschlusskappe gesichert. Wenn du für ein Modell weitere Augen benötigst, steht die Größe in den jeweiligen Materialhinweisen.

DRAHT:

Manche der Sternzeichen haben Accessoires wie z. B. einen Dreizack oder Pfeil und Bogen. Dafür benötigst du etwas Draht. Hierzu kannst du Basteldraht oder einen Draht aus dem Baumarkt verwenden. Damit die Stabilität gegeben ist, sollte der Draht etwa 2 mm Durchmesser haben. Da der Draht umhäkelt wird, ist die Farbe hierbei nebensächlich.

WERKZEUG / ARBEITSMATERIAL:

Um dir die Arbeit zu erleichtern, kannst du die folgenden Hilfsmittel bereitlegen:

- **Maschenmarkierer:** Maschenmarkierer gibt es mittlerweile von vielen Firmen. Bei der Arbeit mit Maschenmarkierern ersparst du dir mühsames Nachzählen und hast deinen Rundenanfang immer im Blick. Alternativ kannst du auch einfach einen Faden in Kontrastfarbe nutzen und zwischen die Maschen legen.
- **Stecknadeln:** Nutze am besten Stecknadeln mit Köpfen in Kontrastfarben. Damit verhinderst du, dass die Stecknadeln im Häkelstück vergessen werden.
- **Schere:** Es reicht eine normale Bastelschere, um Fäden abzuschneiden. Du kannst aber auch einen Fadenschneider oder eine Stickschere verwenden. Mit der Stickschere kannst du vernähte Fadenenden noch präziser zurückschneiden.
- **Vernähnadel:** Verwende am besten eine stumpfe Wollnadel. Bei diesen kannst du das Häkelgarn gut durch das größere Nadelöhr einfädeln.

Für die Sternzeichen-Anhänger benötigst du noch Karabiner, Schlüsselringe und Quasten. Hierzu findest du die Empfehlungen bei den Materialhinweisen.

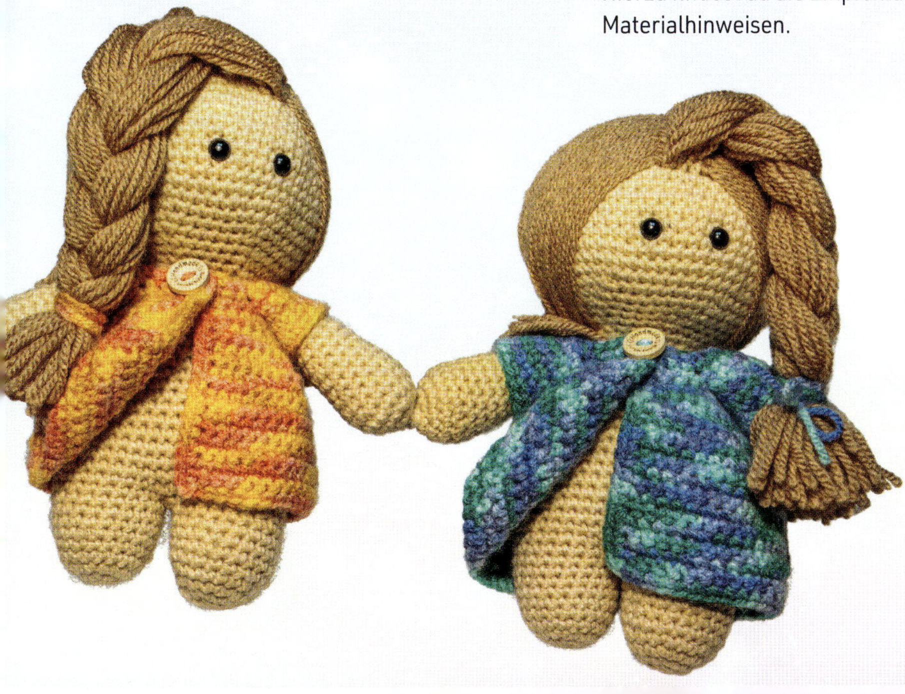

DIE ANLEITUNG RICHTIG LESEN

Nachfolgend erkläre ich dir anhand verschiedener Beispiele, wie du die Anweisungen in den Anleitungen korrekt liest.

1. BEISPIEL:

2. Runde: (1 fm verd.) × 6 (12)

Wiederhole die in Klammern geschriebene Häkelanweisung 6-mal (× 6). An Ende der Runde hast du insgesamt 12 Maschen gehäkelt (12).

2. BEISPIEL:

5.–6. Runde: 15 fm (2 Runden)

Wiederhole die gleiche Häkelanweisung für die Runden 5 und 6 (also insgesamt 2 Runden), d. h. du häkelst 2 Runden mit jeweils 15 festen Maschen.

3. BEISPIEL:

Farbe A: atlantisblau | Farbe B: royalblau

4. Runde: 1 Stb, (2 Stb in nächste Masche) × 3, 1 Stb, 1 Stb, (2 Stb in nächste Masche) × 3, 1 Stb, 1 Stb, (2 Stb in nächste Masche) × 3, 1 Stb, 1 Stb, (2 Stb in nächste Masche) × 3, 1 Stb (32)

Befolge die Häkelanweisung, indem du die Maschenfolgen mit der jeweils definierten Farbe häkelst. Die hellblaue Anweisung entspricht der Farbe A, die dunkelblaue Anweisung der Farbe B usw.

4. BEISPIEL:

20. Runde: 1 fm verd., 23 fm, 1 fm verd., 27 fm (54)

Farbwechsel zu beige.

Häkle die entsprechende Anweisung. Nach Abschluss der Runde wird ein Farbwechsel vorgenommen. Wenn du mit dem unsichtbaren Farbwechsel arbeitest (siehe Kapitel 5.4), wechselst du die Farbe mit der letzten Masche aus der Häkelanweisung vor der Klammer.

5. BEISPIEL:

22. Runde: 54 fm in hMg (54)

In dieser Runde werden 54 Maschen nur in die jeweils hinteren Maschenglieder der Vorrunde gehäkelt. Am Ende der Runde hast du insgesamt 54 Maschen (54) gehäkelt.

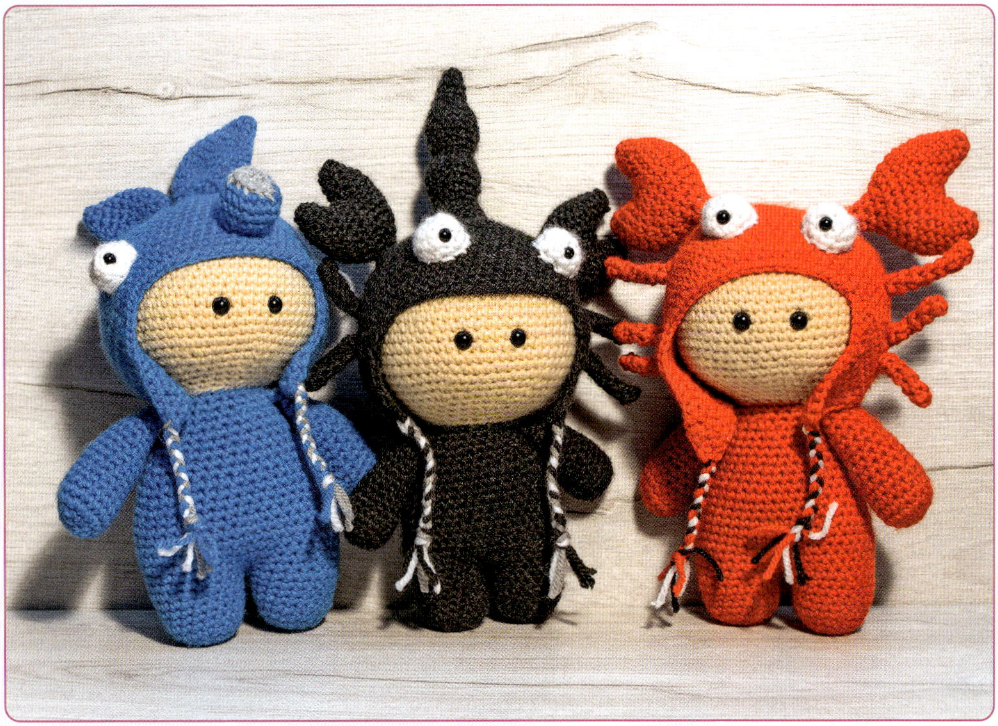

ABKÜRZUNGSVERZEICHNIS

Abkürzungen

- fm feste Masche
- Lm Luftmasche
- Km Kettmasche
- hStb halbes Stäbchen
- Stb Stäbchen
- DStb doppeltes Stäbchen
- BM Büschelmasche
- wlm Wendeluftmasche
- vMg vorderes Maschenglied
- hMg hinteres Maschenglied
- R. Reihe
- Rd. Runde
- verd. verdoppeln
- abn. abnehmen

Symbole

- ( ) wiederholen
- (Zahl) Maschenanzahl zum Rundenende

Schwierigkeitsgrad

- Leicht = 1
- Mittel = 2
- Anspruchsvoll = 3

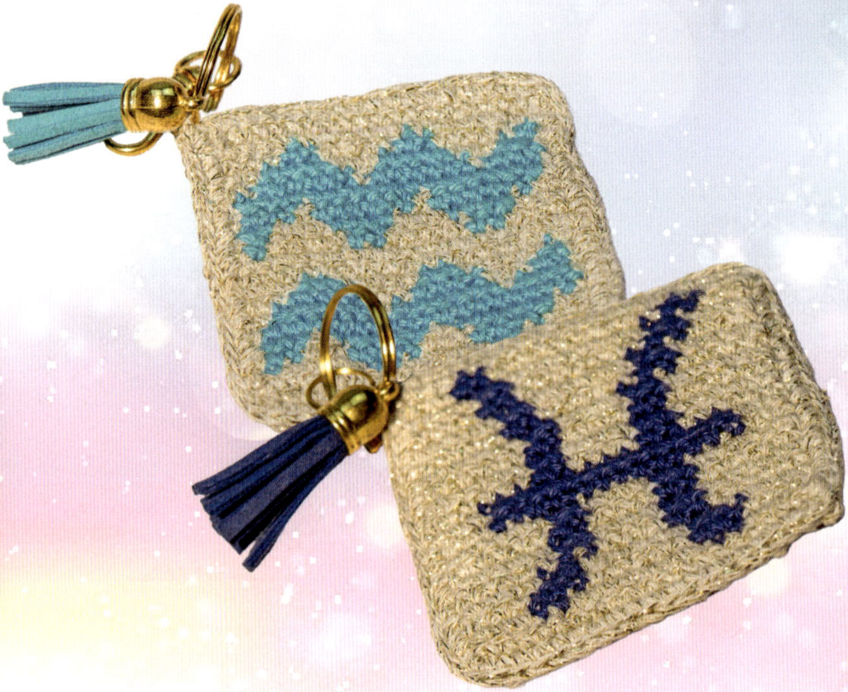

STERNZEI SCHLÜSSEL

CHEN-
ANHÄNGER

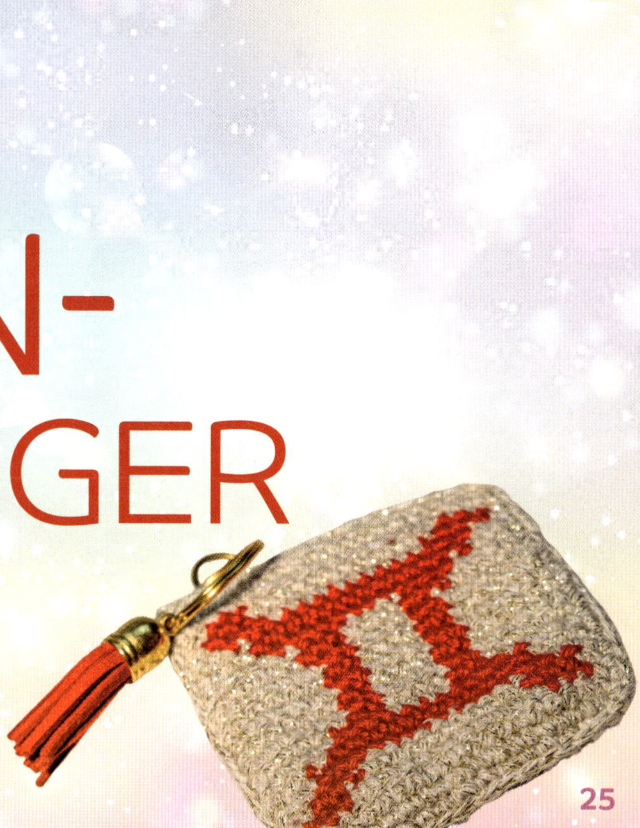

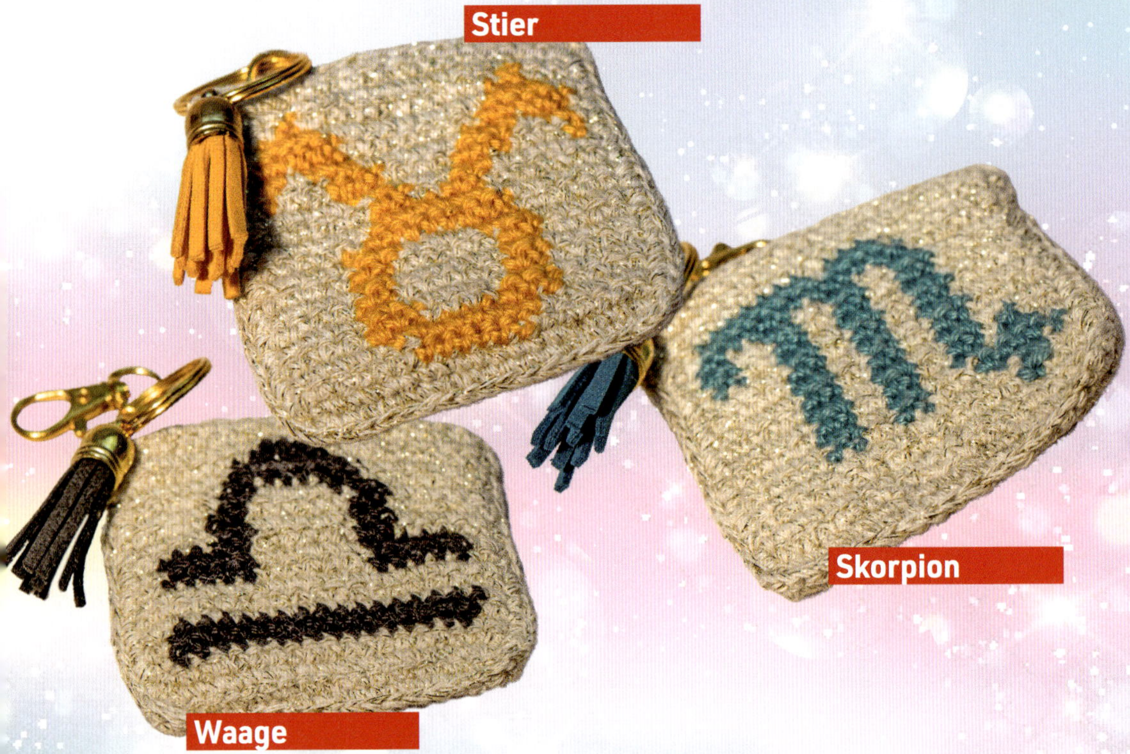

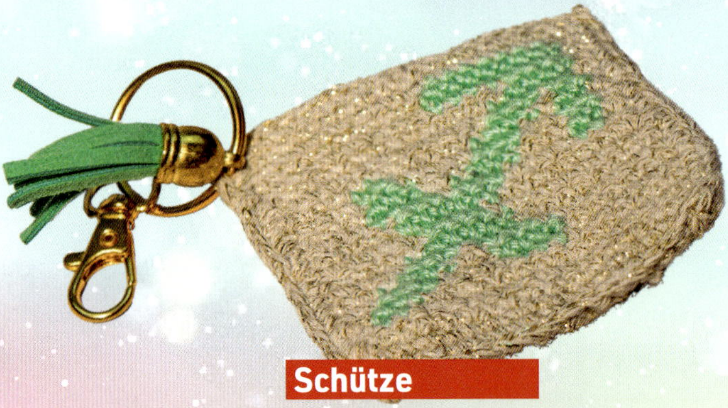

Zeitaufwand: 1 Stunde pro Anhänger
Größe: 6,5 × 6,5 cm
Schwierigkeit: 1

STERNZEICHEN-SCHLÜSSELANHÄNGER

MATERIAL:

- Häkelnadel 2,00 mm
- 100 g Scheepjes Twinkle in Helles Gold 938 (130 m/50 g)
- 12 × ca. 10 g Lana Grossa Cotone (125 m/50 g) in 12 Farben
- 12 × Mini-Schlüsselring in Gold Ø25 mm
- 12 × Mini-Karabiner in Gold (30 mm)
- 12 × Quasten – passend zu den 12 bunten Garnfarben
  - Stier: Goldgelb (Fb 38)
  - Jungfrau: Kürbis (Fb 39)
  - Steinbock: Graubraun (Fb 30)
  - Widder: Zartes blaulila (Fb 111)
  - Löwe: Pistazie (Fb 23)
  - Schütze: Türkisgrün (Fb 98)
  - Fische: Royal (Fb 12)
  - Krebs: Rosa (Fb 1)
  - Skorpion: Hellpetrol (Fb 43)
  - Wassermann: Türkis (Fb 9)
  - Zwilling: Rot (Fb 18)
  - Waage: Schwarz (Fb 21)

Sets mit Schlüsselring, Karabiner und Quasten findest du zum Beispiel online.

BASISANLEITUNG FÜR ALLE ANHÄNGER

Zuerst einmal: Jeder Anhänger besteht aus einer Vorder- und Rückseite. Das heißt, du häkelst jedes Teil 2×. Die Häkelschriften für alle zwölf Sternzeichen findest du ab Seite 30.

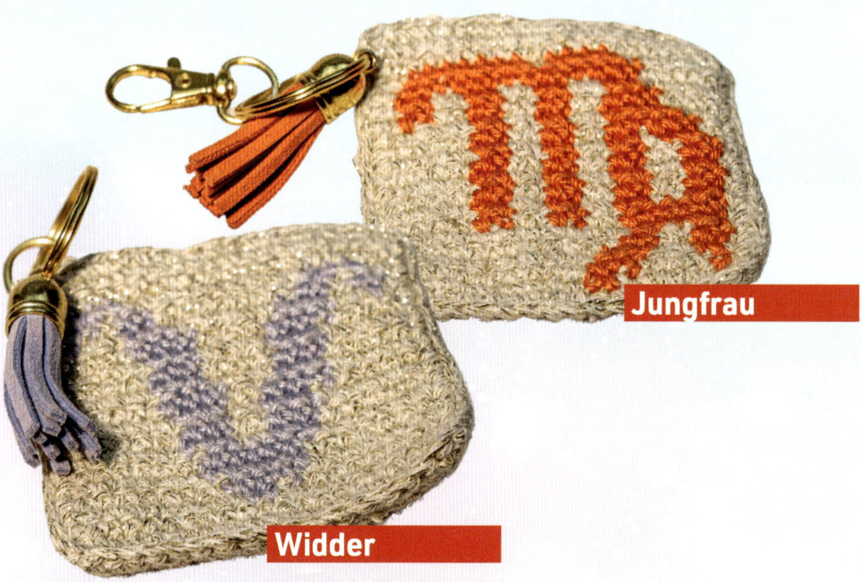

Jedes Teil wird in Reihen gehäkelt. Jede Reihe mit 20 Maschen und insgesamt 20 Reihen.

Alle schwarz markierten Maschen werden im entsprechend farbigen Garn gehäkelt. Arbeite mit einem unsichtbaren Farbwechsel. Hierzu wechselst du die Farbe bei der vorherigen Masche. Mit der letzten Masche in der Farbe wechselst du erneut mit einem unsichtbaren Farbwechsel zum hellen Gold.

Masche nach dem Farbwechsel nicht ab und lasse den Faden hängen. Beim nächsten Farbwechsel kannst du ihn somit direkt wiederaufnehmen.

Achte darauf, dass der Faden immer auf der Rückseite liegt. Somit entsteht eine »schöne« Seite und eine weniger schöne Seite.

Du häkelst die Reihen immer von rechts nach links. Die Anleitung liest du aber abwechselnd von rechts nach links bzw. links nach rechts. Der Startpunkt zum Lesen der Zeile ist jeweils rot markiert. Die Zahlen dienen dir als Hilfestellung.

Nun aber zum Häkeln! Du startest jedes Teil wie folgt:

Für die 1. Seite schlage jeweils 21 Luftmaschen an.

1. Reihe: 1 fm in die 2. Luftmasche von der Nadel aus, 19 fm (20)
2.-20. Reihe: 20 fm, Farbwechsel entsprechend der Einzelanleitung

Beende die 1. Seite mit 1 Km und arbeite direkt die 2. Seite.

Beende die 2. Seite nicht, sondern häkle eine Luftmasche. Lege nun beide Seiten aufeinander, sodass die schönen Seiten jeweils nach außen zeigen. Umhäkle nun beide Seiten mit etwa 40 fm. In die Ecken kannst du auch jeweils 2 fm häkeln, dann bleibt dein Häkelteil besser in Form. Ende mit 1 Km und vernähe die Fäden.

Fädle nun den Schlüsselring mit Karabiner und Quaste am linken oberen Eck ein.

Fertig ist dein Anhänger!

Löwe

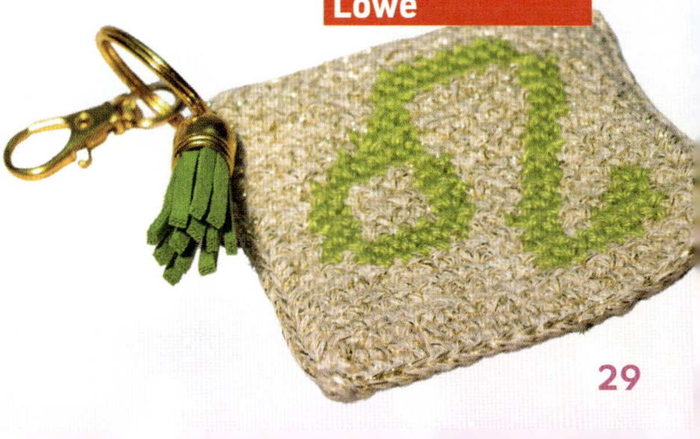

Element: ERDE

Stier (21.04. - 20.05.): 2 x häkeln

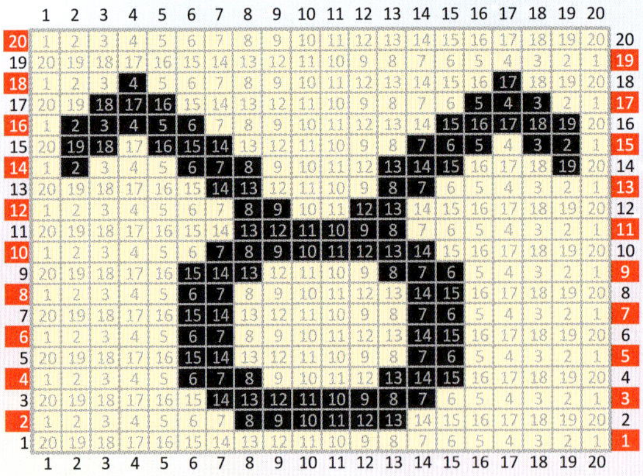

Element: FEUER

Widder (21.03. - 20.04.): 2 x häkeln

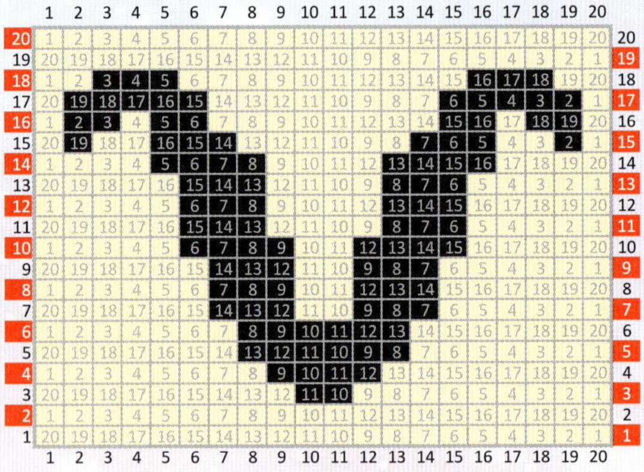

Jungfrau (24.08. - 23.09.): 2 x häkeln

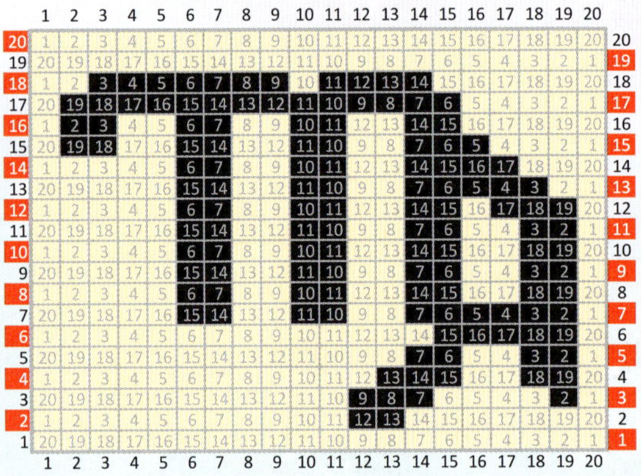

Löwe (23.07. - 23.08.): 2 x häkeln

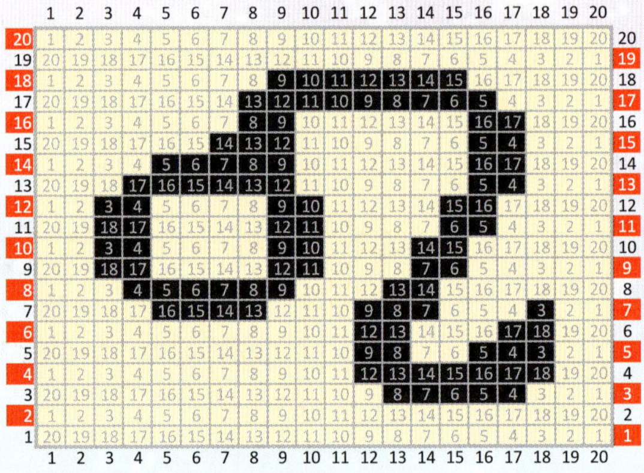

Steinbock (22.12. - 20.01.): 2 x häkeln

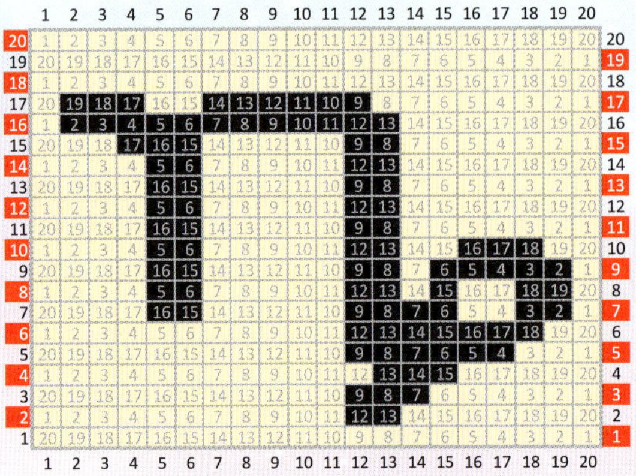

Schütze (23.11. - 21.12.): 2 x häkeln

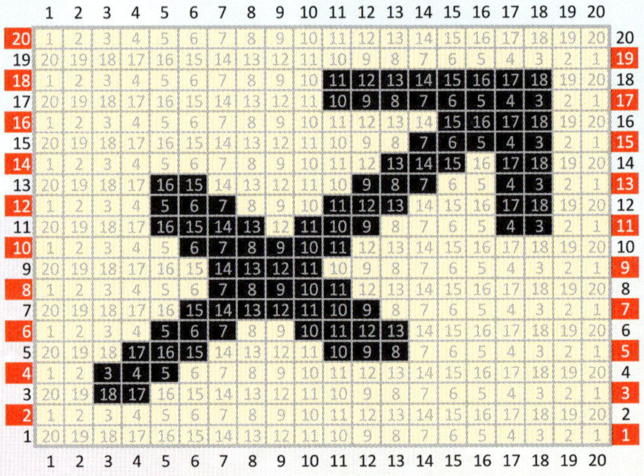

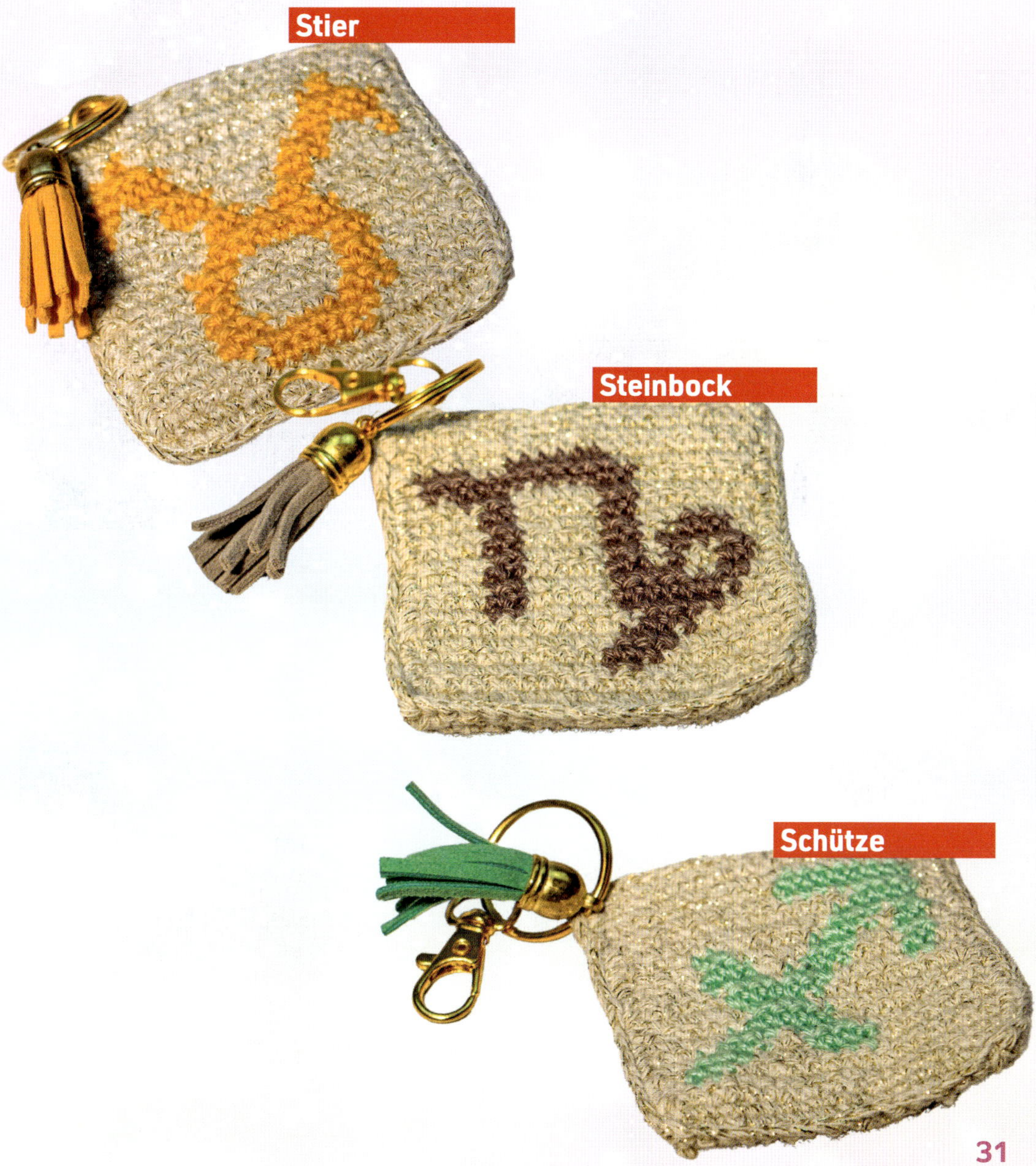
Stier
Steinbock
Schütze

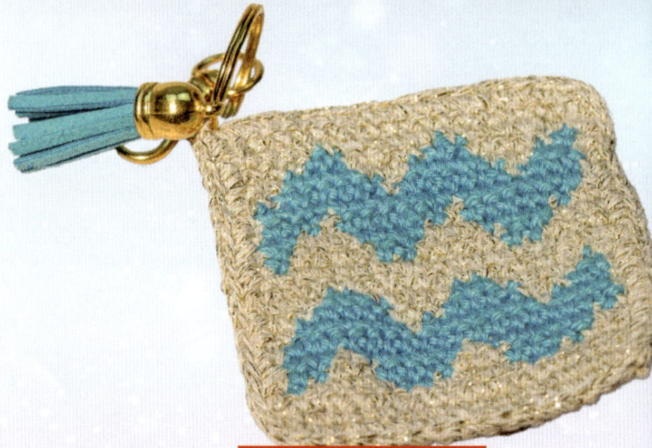

Wassermann

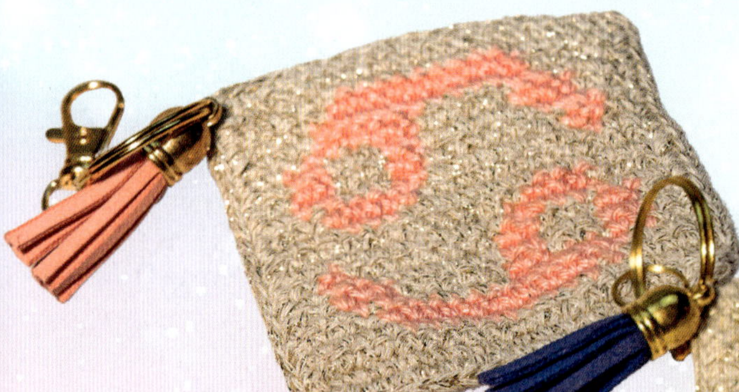

Krebs

Fische

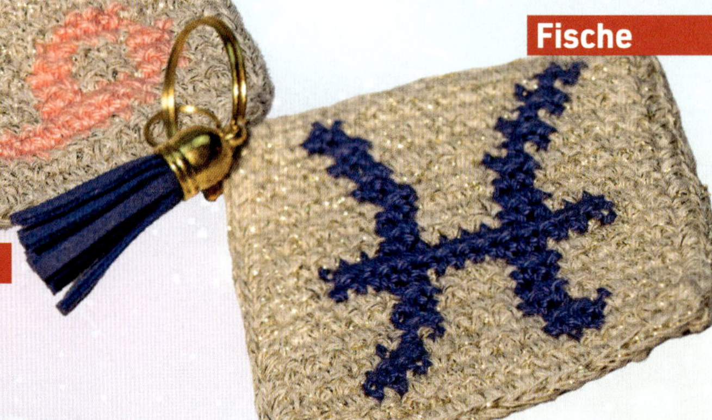

Element: WASSER

Fische (20.02. - 20.03.): 2 x häkeln

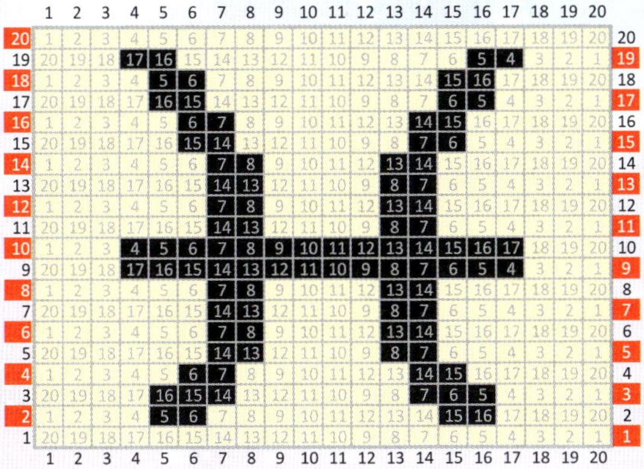

Krebs (22.06. - 22.07.): 2 x häkeln

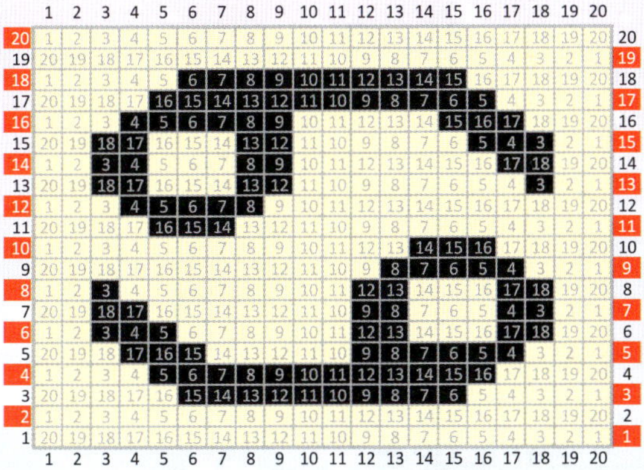

Skorpion (24.10. - 22.11.): 2 x häkeln

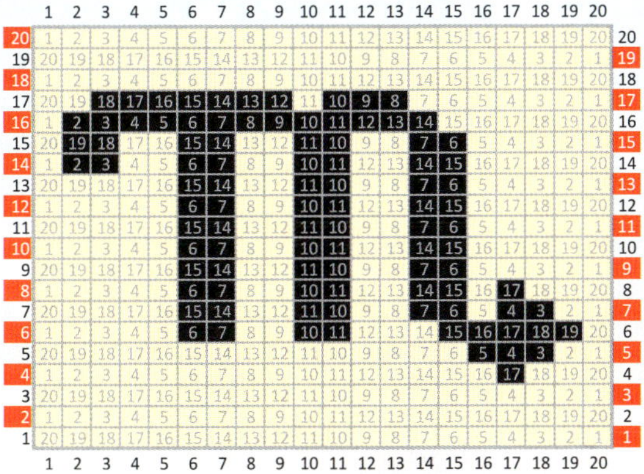

Element: Luft

Wassermann (21.01. - 19.02.): 2 x häkeln

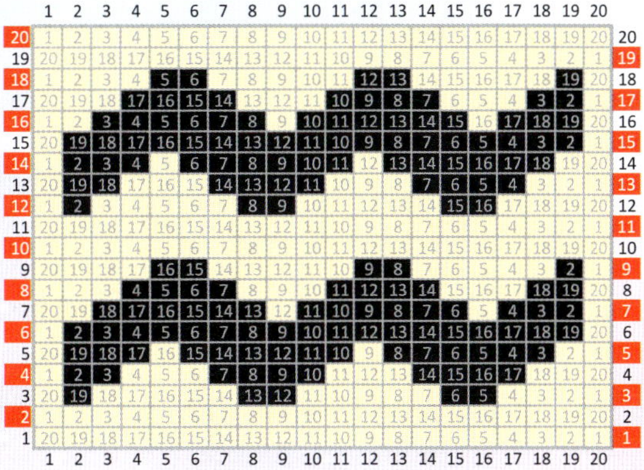

Zwilling (21.05. - 21.06.): 2 x häkeln

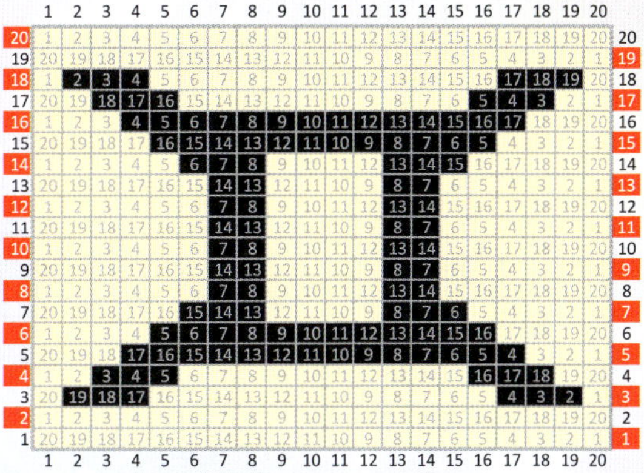

Waage (24.09. - 23.10.): 2 x häkeln

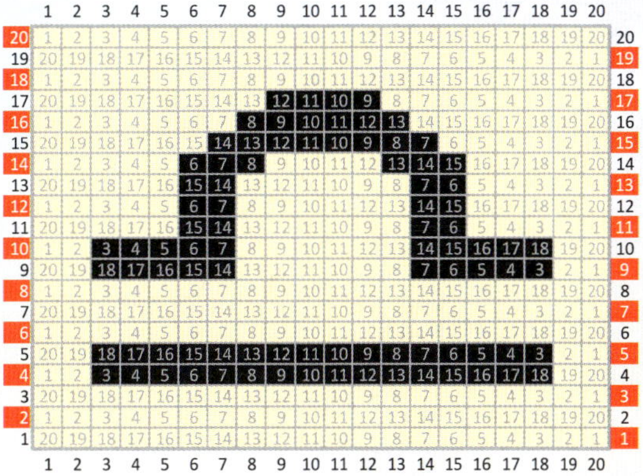

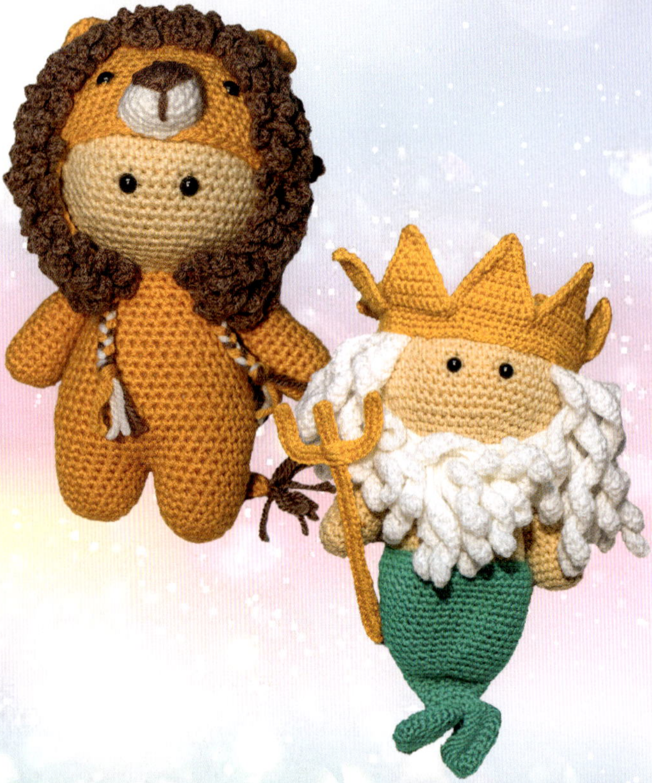

STERNZEI

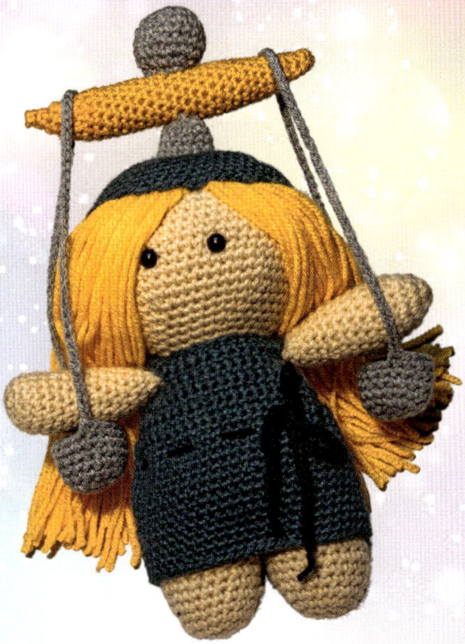

CHEN-AMIGURUMIS

BASISANLEITUNG AMIGURUMI

Die nachfolgende Basisanleitung gilt für alle zwölf Sternzeichen-Figuren. Kopf, Arme, Beine und Körper sind bei jeder Figur identisch, lediglich die Farben variieren.

Welche Farbe du für welches Sternzeichen brauchst, erfährst du in den Materialhinweisen der jeweiligen Anleitung.

Zeitaufwand: ca. 2 Stunden
Größe: ca. 18 cm
Schwierigkeit: 1

MATERIAL:

- Häkelnadel 3,5 mm
- Sicherheitsaugen 8 mm (1 Paar pro Sternzeichen)
- Füllwatte: ca. 60 g für 1 Sternzeichen
- Vernähnadel
- Maschenmarkierer
- Schere

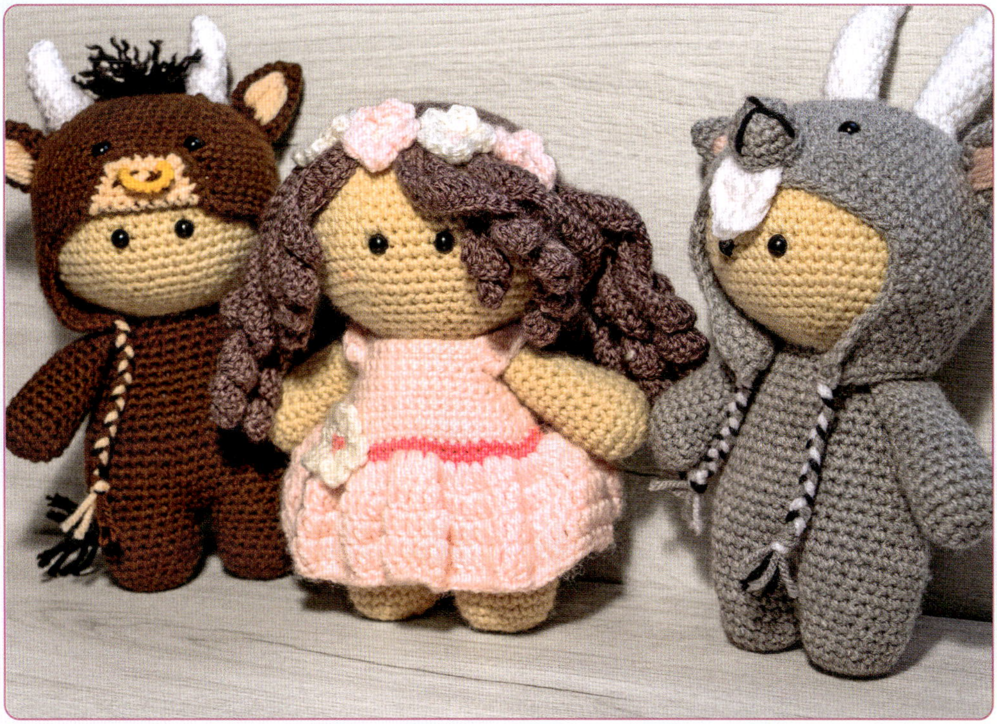

KOPF (1× HÄKELN)

Farbe entsprechend der Anweisung in der Einzelanleitung

1. Runde: 6 fm in Fadenring (6)
2. Runde: (1 fm verd.) × 6 (12)
3. Runde: (1 fm, 1 fm verd.) × 6 (18)
4. Runde: (2 fm, 1 fm verd.) × 6 (24)
5. Runde: (3 fm, 1 fm verd.) × 6 (30)
6. Runde: (4 fm, 1 fm verd.) × 6 (36)
7. Runde: (5 fm, 1 fm verd.) × 6 (42)
8. Runde: (6 fm, 1 fm verd.) × 6 (48)
9. Runde: (7 fm, 1 fm verd.) × 6 (54)
10. Runde: (8 fm, 1 fm verd.) × 6 (60)
11.–20. Runde: 60 fm (10 Runden)
21. Runde: (8 fm, 1 fm abn.) × 6 (54)
22. Runde: (7 fm, 1 fm abn.) × 6 (48)
23. Runde: (6 fm, 1 fm abn.) × 6 (42)
24. Runde: (5 fm, 1 fm abn.) × 6 (36)
25. Runde: (4 fm, 1 fm abn.) × 6 (30)
26. Runde: (3 fm, 1 fm abn.) × 6 (24)

Runde mit 1 Km beenden und Faden lang genug abschneiden.

ARME (2× HÄKELN)

Farbe entsprechend der Anweisung in der Einzelanleitung

1. Runde: 6 fm in Fadenring
2. Runde: (1 fm verd.) × 6 (12)
3. Runde: (1 fm, 1 fm verd.) × 6 (18)
4. Runde: 18 fm
5. Runde: (7 fm, 1 fm abn.) × 2 (16)
6. Runde: 16 fm
7. Runde: (6 fm, 1 fm abn.) × 2 (14)
8.–10. Runde: 14 fm (3 Runden)
11. Runde: (5 fm, 1 fm abn.) × 2 (12)
12.–14. Runde: 12 fm (3 Runden)
15. Runde: (4 fm, 1 fm abn.) × 2 (10)
16. Runde: 10 fm

Stopfe den Arm mit Füllwatte aus.

17. Runde: platt drücken und mit 5 fm zusammenhäkeln (5)

Runde mit 1 Km beenden, Faden abschneiden und vernähen.

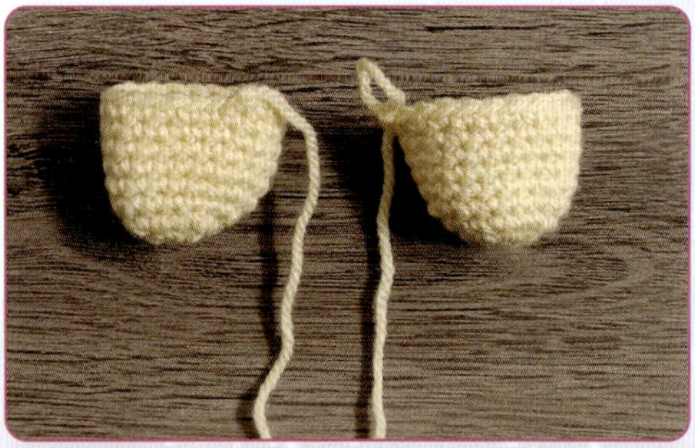

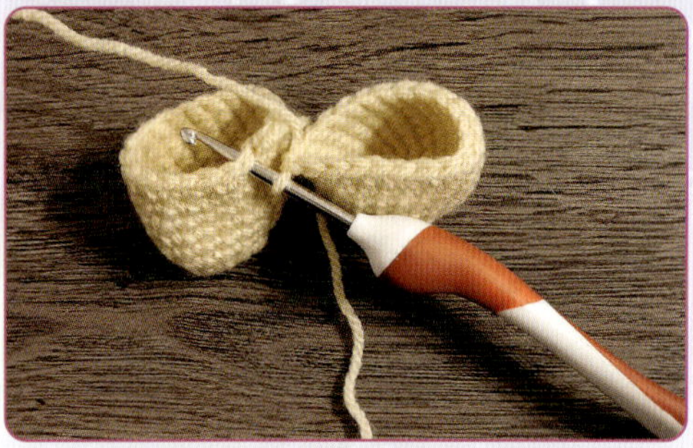

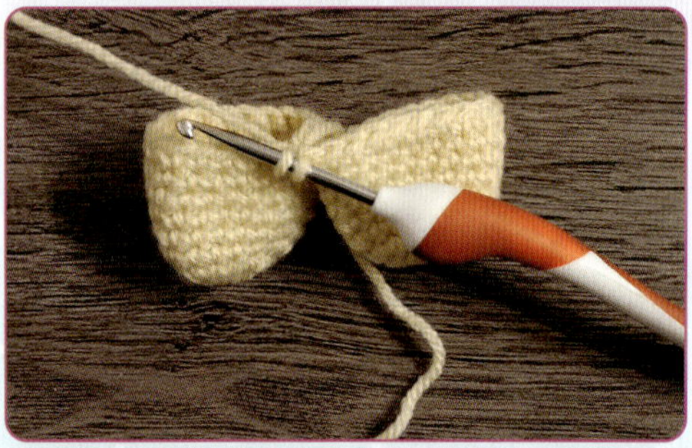

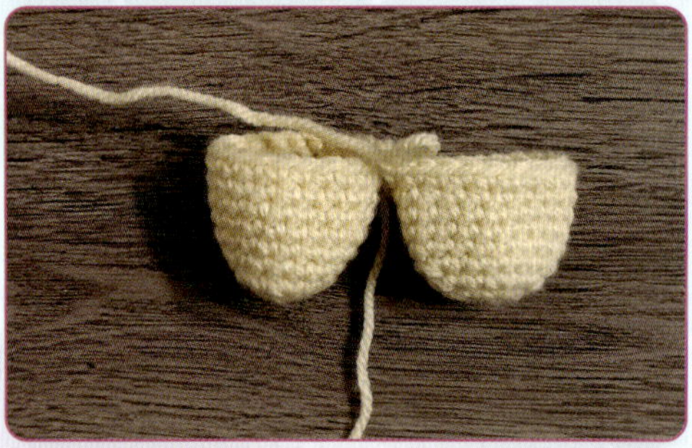

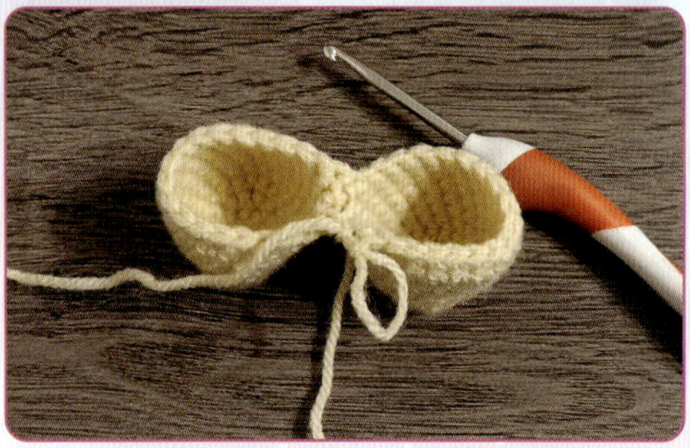

BEINE (2× HÄKELN)

Farbe entsprechend der Anweisung in der Einzelanleitung

1. Runde: 6 fm in Fadenring
2. Runde: (1 fm verd.) × 6 (12)
3. Runde: (1 fm, 1 fm verd.) × 6 (18)
4. Runde: (8 fm, 1 fm verd.) × 2 (20)
5.–9. Runde: 20 fm (5 Runden)

Beende die Beine nach der 9. Runde wie folgt:

1. Bein: 1 Km, Faden lang genug abschneiden
2. Bein: Runde nicht beenden, Faden NICHT abschneiden und weiter mit der Verbindung beider Beine

VERBINDUNG DER BEINE (1× HÄKELN)

Farbe entsprechend der Anweisung in der Einzelanleitung

Verbindung von Bein 1 und Bein 2:

10. Runde: 20 fm um das erste Bein (beginne in der 1. fm nach der Km), 20 fm um das zweite Bein

Markiere dir die letzte Masche mit einem Maschenmarkierer als deinen neuen Rundenanfang.

Hinweis: Das kleine Loch, welches nach Verbinden der Beine noch bleibt, kannst du mit dem Faden vom ersten Bein beim Vernähen schließen.

KÖRPER (1× HÄKELN)

Farbe entsprechend der Anweisung in der Einzelanleitung

11. Runde: 40 fm
12. Runde: (9 fm, 1 fm verd.) × 4 (44)
13.–14. Runde: 44 fm (2 Runden)
15. Runde: 11 fm, 1 fm abn., 20 fm, 1 fm abn., 9 fm (42)
16. Runde: 42 fm
17. Runde: 10 fm, 1 fm abn., 19 fm, 1 fm abn., 9 fm (40)
18. Runde: 40 fm
19. Runde: 9 fm, 1 fm abn., 18 fm, 1 fm abn., 9 fm (38)
20. Runde: 38 fm
21. Runde: 9 fm, 1 fm abn., 17 fm, 1 fm abn., 8 fm (36)
22. Runde: 8 fm, 1 fm abn., 16 fm, 1 fm abn., 8 fm (34)
23. Runde: 8 fm, 1 fm abn., 15 fm, 1 fm abn., 7 fm (32)
24. Runde: 32 fm
25. Runde: 7 fm, 1 fm abn., 14 fm, 1 fm abn., 7 fm (30)
26. Runde: 30 fm
27. Runde: (3 fm, 1 fm abn.) × 6 (24)

In der folgenden Runde werden die Arme direkt an den Körper angehäkelt:

28. Runde: 5 fm, 5 fm in jeweils eine Masche des Arms und des Körpers, 8 fm, 5 fm in jeweils eine Masche des Arms und des Körpers, 1 fm (24)
29. Runde: 24 fm

Runde mit 1 Km beenden, Faden abschneiden und vernähen.

FERTIGSTELLUNG DES BASIS-AMIGURUMI

1. Setze zu Beginn die Sicherheitsaugen ein. Zähle dazu 10 Runden vom unteren Kopfende nach oben. Zwischen den Augen liegen ca. 4 Maschen.
2. Stopfe sowohl den Kopf als auch den Körper mit den Beinen gut mit Füllwatte aus.
3. Nähe den Kopf nun auf den Körper. Die Augen zeigen mittig nach vorne. Stopfe ggf. noch mal etwas Füllwatte nach, damit der Kopf nicht baumelt.

Hinweis: Die Seite mit den 8 fm zwischen den Armen ist die Vorderseite des Körpers.

Fertig ist das Basis-Amigurumi für dein Sternzeichen!

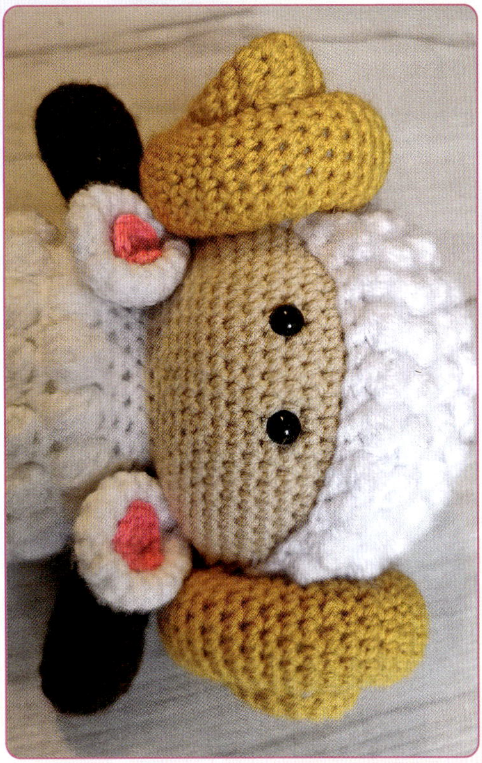

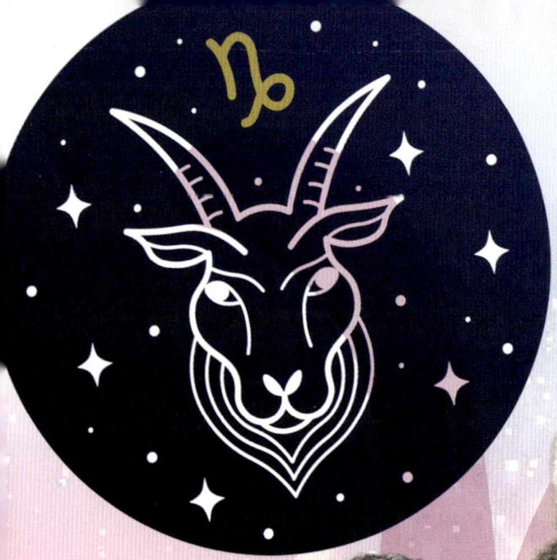

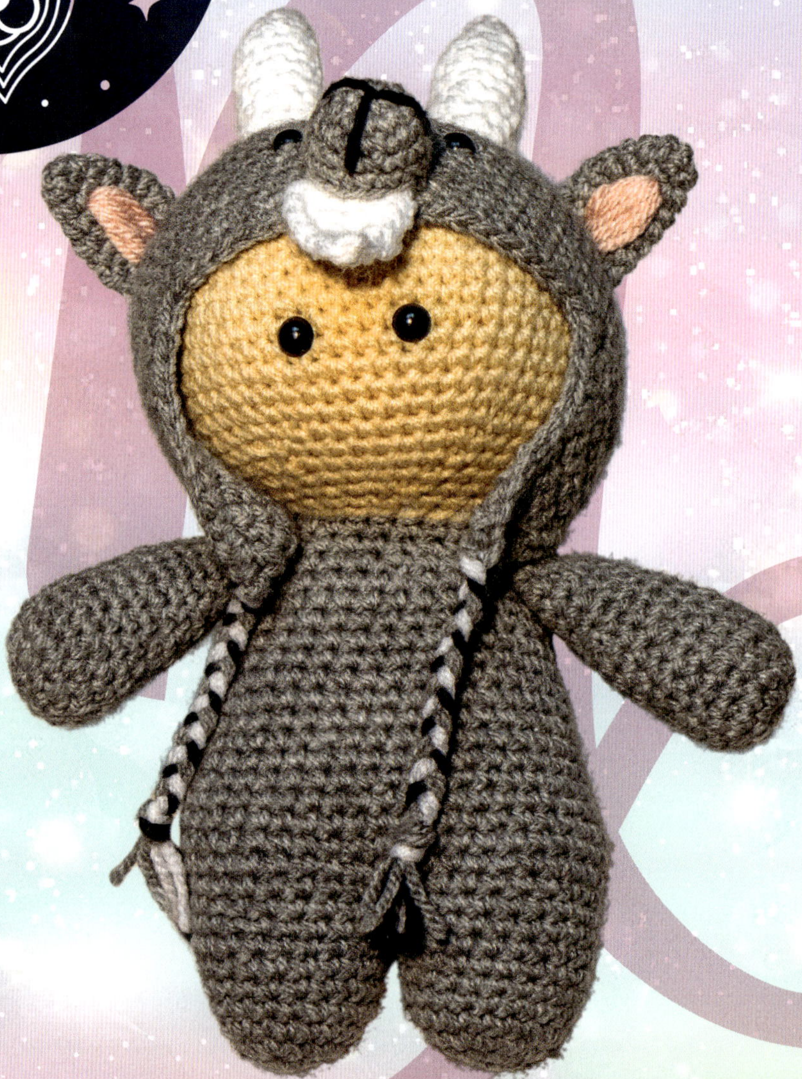

Zeitaufwand: ca. 5 Stunden
Größe: ca. 26 cm mit Hörnern
Schwierigkeit: 1

STEINBOCK
ELEMENT: ERDE

22. DEZEMBER – 20. JANUAR

Der Steinbock begleitet uns über den Jahreswechsel. Steinböcke sind fleißig und zielstrebig, und verlieren ihr Ziel nicht aus den Augen. Sie haben viel Durchhaltevermögen, wodurch sie auch intensive Herausforderungen meistern können. Sie arbeiten gerne nach den eigenen Vorstellungen und Plänen, sind aber durchaus in der Lage, auch im Team zu funktionieren. Hier übernehmen sie dennoch gerne die Verantwortung. Er gibt immer 100%, wodurch er sich auch gerne mal zu viel zumutet, denn Pausen braucht er zwar, macht er aber nicht sehr gerne. Gefühle werden nicht gerne gezeigt, somit sind auch Liebe und Leidenschaft nicht von primärer Bedeutung. Steinböcke sind aber dennoch absolut treu und ihren Partnern gegenüber loyal.

Das Motto der Steinböcke: Keine Zeit für die große Liebe!

MATERIAL:

- Häkelnadel 3,5 mm
- Wolle: Schachenmayr Bravo (133 m/50 g)
  - 50 g Hellgrau meliert (08295)
  - 10 g Sand (08364)
  - 5 g Weiß (08224)
  - Rest Schwarz (08226) & Altrosa (08379)
- Sicherheitsaugen (1 Paar): 8 mm
- Füllwatte
- Vernähnadel
- Maschenmarkierer
- Schere

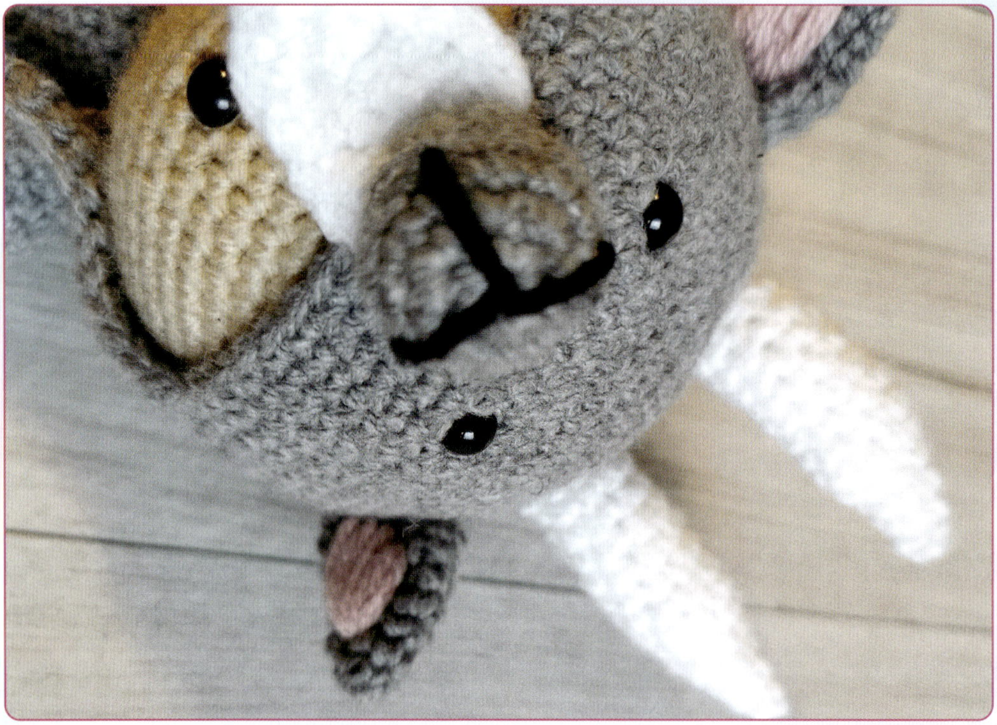

BASIS-AMIGURUMI (1× HÄKELN)

Häkle die Basis-Amigurumi (Kopf, Arme, Beine & Körper) nach der Basisanleitung ab Seite 36.

Verwende für den Kopf die Farbe Sand (08364), für die restlichen Körperteile verwende die Farbe Hellgrau meliert (08295).

MÜTZE (1× HÄKELN)

In Hellgrau meliert

1. Runde: 6 fm in Fadenring (6)
2. Runde: (1 fm verd.) × 6 (12)
3. Runde: (1 fm, 1 fm verd.) × 6 (18)
4. Runde: (2 fm, 1 fm verd.) × 6 (24)
5. Runde: (3 fm, 1 fm verd.) × 6 (30)
6. Runde: (4 fm, 1 fm verd.) × 6 (36)
7. Runde: (5 fm, 1 fm verd.) × 6 (42)
8. Runde: (6 fm, 1 fm verd.) × 6 (48)
9. Runde: (7 fm, 1 fm verd.) × 6 (54)
10. Runde: (8 fm, 1 fm verd.) × 6 (60)
11.–21. Runde: 60 fm (11 Runden)

Im Folgenden werden die Seiten (Ohrenschützer) an die Mütze gehäkelt. Dafür wird mit Reihen weitergearbeitet.

1.–2. Reihe: 14 fm, wenden (2 Reihen)
3. Reihe: 1 fm auslassen, 11 fm, 1 fm abn., wenden (12)
4. Reihe: 1 fm auslassen, 9 fm, 1 fm abn., wenden (10)
5. Reihe: 1 fm auslassen, 7 fm, 1 fm abn., wenden (8)
6. Reihe: 1 fm auslassen, 5 fm, 1 fm abn., wenden (6)
7. Reihe: 6 fm, wenden (6)
8. Reihe: 1 fm auslassen, 5 fm, wenden (5)
9. Reihe: 1 fm auslassen, 4 fm, wenden (4)
10. Reihe: 4 fm, wenden (4)
11. Reihe: 1 fm auslassen, 3 fm, wenden (3)
12. Reihe: 1 fm auslassen, 2 fm, wenden (2)
13. Reihe: 1 fm auslassen, 1 fm, wenden (1)

Reihe mit 1 Km beenden, Faden etwa 15 cm lang abschneiden.

Zähle nun links ab der eben gehäkelten Seite 20 Maschen. Schlinge in dieser Masche neu an. Wiederhole nun die Reihen 1–13.

Umhäkle anschließend die gesamte Mütze mit festen Maschen.

Zipfel für die Seiten: Schneide jeweils 2× 30 cm lange Fäden der Farben hellgrau meliert, weiß und schwarz zu. Fädel nun jeweils einen Faden jeder Farbe an die Linke Ohrseite und an die Rechte. Fädel die Fäden genau an der Spitze ein, wo auch der Faden aus Runde 13 endete. Die Endfäden nach Runde 13 werden mit eingeflochten.

Flechte nun etwa 5 cm, verknote die Enden und schneide die restlichen Fäden mit ca. 1 cm Rest ab.

SCHNAUZE (1× HÄKELN)

In hellgrau meliert

1. Runde: 6 fm in Fadenring (6)
2. Runde: (1 fm verd.) × 6 (12)
3.–5. Runde: 12 fm (3 Runden)

Runde mit 1 Km beenden, Faden lang genug abschneiden.

OHREN (2× HÄKELN)

In Hellgrau meliert

1. Runde: 4 fm in Fadenring (4)
2. Runde: (1 fm, 1 fm verd.) × 2 (6)
3. Runde: (1 fm, 1 fm verd.) × 3 (9)
4. Runde: 9 fm
5. Runde: (2 fm, 1 fm verd.) × 3 (12)
6. Runde: 12 fm
7. Runde: (3 fm, 1 fm verd.) × 3 (15)
8. Runde: 15 fm

Runde mit 1 Km beenden, Faden lang genug abschneiden.

HÖRNER (2× HÄKELN)

In Weiß

1. Runde: 4 fm in Fadenring (4)
2. Runde: 4 fm
3. Runde: (1 fm, 1 fm verd.) × 2 (6)
4. Runde: 6 fm
5. Runde: (1 fm, 1 fm verd.) × 3 (9)
6.–13. Runde: 9 fm (8 Runden)

Runde mit 1 Km beenden, Faden lang genug abschneiden.

BART (1× HÄKELN)

In Weiß, in Reihen gehäkelt

6 Luftmaschen anschlagen.

1. Reihe: 1 fm in die 2. Lm von der Nadel aus, 5 fm, wenden (6)
2. Reihe: 1 fm auslassen, 5 fm, wenden (5)
3. Reihe: 1 fm auslassen, 4 fm, wenden (4)
4. Reihe: 1 fm auslassen, 3 fm, wenden (3)
5. Reihe: 1 fm auslassen, 2 fm, wenden (2)
6. Reihe: 1 fm auslassen, 1 fm (1)

Umhäkle den Bart nun einmal komplett mit festen Maschen.

Runde mit 1 Km beenden, Faden lang genug abschneiden.

SCHWÄNZCHEN (1× HÄKELN)

In Hellgrau meliert

1. Runde: 4 fm in Fadenring (4)
2. Runde: (1 fm, 1 fm verd.) × 2 (6)
3. Runde: (1 fm, 1 fm verd.) × 3 (9)
4. Runde: 9 fm
5. Runde: (2 fm, 1 fm verd.) × 3 (12)
6. Runde: 12 fm

Runde mit 1 Km beenden, Faden lang genug abschneiden.

FERTIGSTELLUNG DES STEINBOCKS

Hinweis: Die Vorderseite der Mütze ist die, bei der der Abstand zwischen den Ohrenschützern 20 Maschen beträgt.

1. **Augen:** Die Sicherheitsaugen werden auf der Vorderseite der Mütze eingesetzt. Zähle dazu 6 Runden vom unteren Rand der Mütze und setze dort die Augen ein. Zwischen den Augen liegen etwa 6 Maschen.
2. **Bart:** Nähe den Bart mittig zwischen den Augen auf den unteren Rand der Mütze.
3. **Schnauze:** Sticke auf die Schnauze mit schwarzem Garn zwei waagerechte und eine senkrechte Linie, die sich alle 3 in der Mitte kreuzen. Stopfe die Schnauze anschließend mit etwas Füllwatte und nähe sie ebenfalls mittig zwischen den Augen und leicht überlappend am Bart fest.
4. **Hörner:** Stopfe die Hörner mit Füllwatte, bevor du sie annähst. Die Hörner liegen etwa 8–9 Runden hinter den Augen. Achte darauf, dass die Hörner jeweils auf einer Linie mit den Augen liegen. Zwischen den Hörnern liegen etwa 3–4 Maschen.
5. **Ohren:** Drücke die Ohren platt und sticke auf einer Seite ein gefülltes Dreieck in Altrosa. Klappe eine Ecke jedes Ohrs leicht ein, bevor du es ebenfalls an der Mütze festnähst. Der Abstand der Ohren zu den Hörnern beträgt links und rechts etwa 3 Maschen.
6. **Mütze:** Setze nun die fertige Mütze deiner Amigurumi auf. Sollte die Mütze noch rutschen, kannst du diese einmal rundherum festnähen.
7. **Schwänzchen:** Nähe das Schwänzchen auf der Rückseite an den Körper. Das Schwänzchen liegt exakt zwischen beiden Beinen auf Höhe der Verbindung zum Körper.

Fertig ist dein Steinbock!

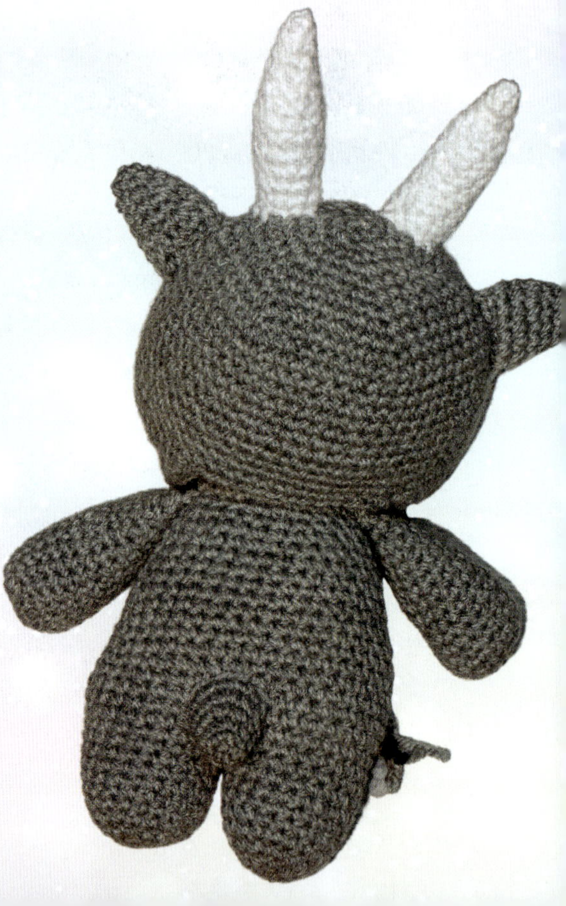

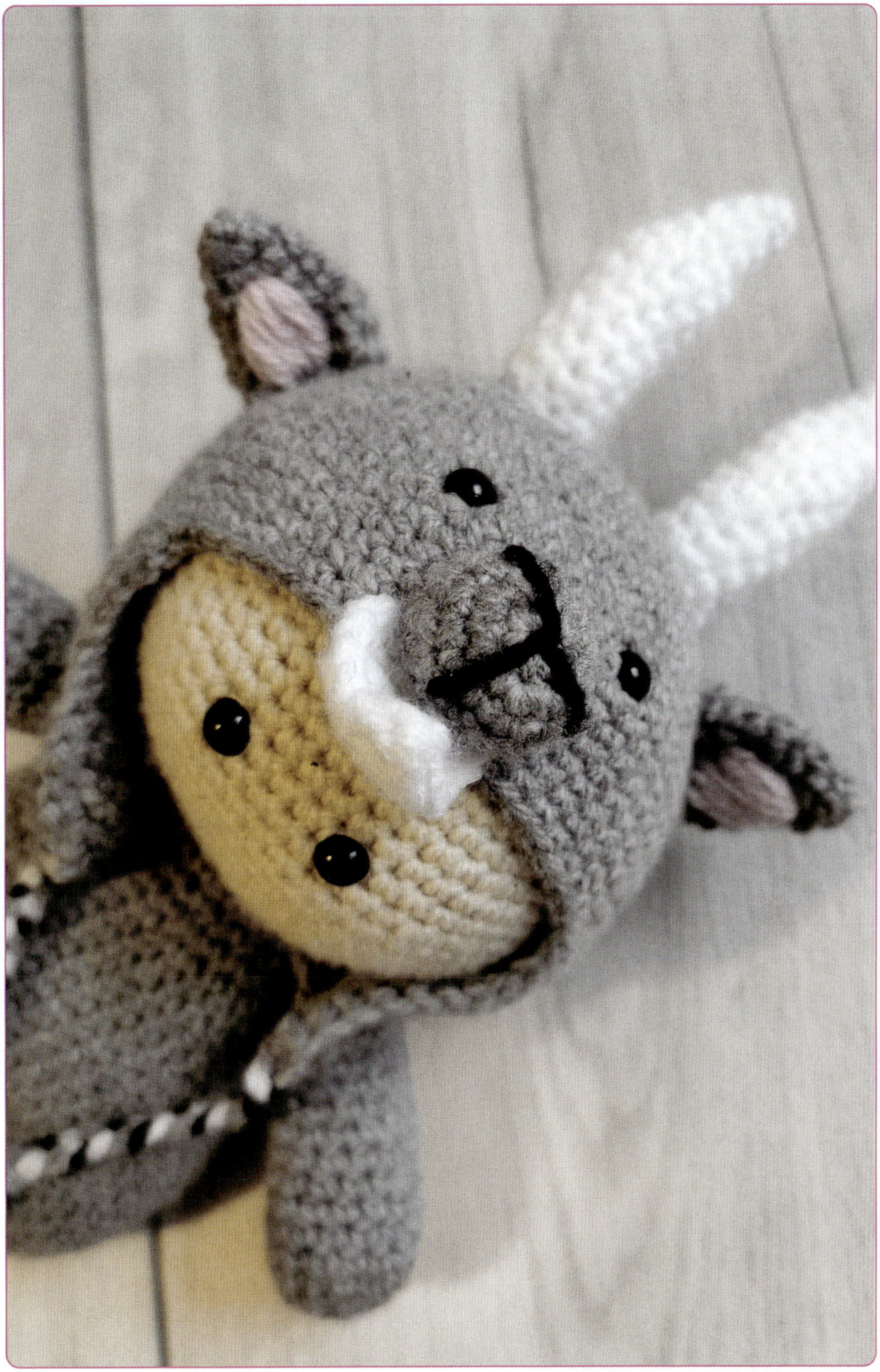

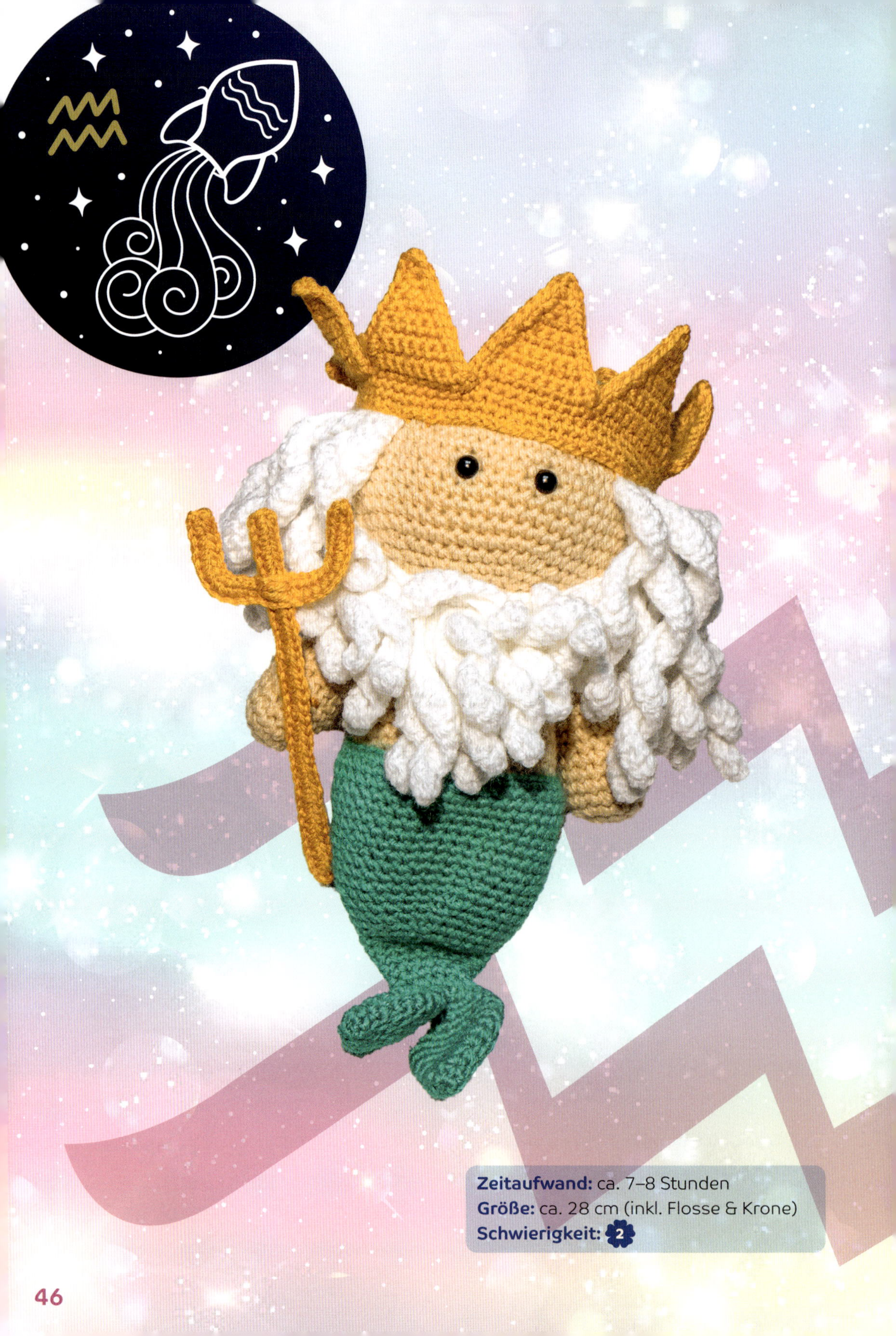

Zeitaufwand: ca. 7–8 Stunden
Größe: ca. 28 cm (inkl. Flosse & Krone)
Schwierigkeit: 2

WASSERMANN ELEMENT: LUFT

21. JANUAR – 19. FEBRUAR

Erfinderisch und freiheitsliebend – so werden die Wassermänner beschrieben. Sie sind unabhängig und möchten ihren eigenen Lebensstil leben. Sie sind zwar offen, aber können durchaus auch mal den Sturkopf zum Vorschein bringen. Dann scheuen sie sich auch nicht, eine Diskussion zu führen. Er versteckt sich nicht, sondern steht gerne im Mittelpunkt. Ihm gelingt es auch, die Mitmenschen auf charmante Art und Weise zu unterhalten. Gefühle sind nichts für einen Wassermann. Die Angst vor Gefühlen bringen ihn dazu, diese zu unterdrücken. Zu seinem Umfeld ist er freundlich, hilfsbereit und gesellig. Toleranz und Vorurteilsfreiheit sind dabei besonders wichtig. Leidenschaft und Lust treiben einen Wassermann an, wobei er gleichzeitig eine feste Bindung scheut.

Das Motto der Wassermänner: Unabhängigkeit & Freiheit sind die wichtigsten Variablen im Leben.

MATERIAL:

- Häkelnadel 3,5 mm
- Wolle: Schachenmayr Bravo (133 m/50 g)
  - 30 g Goldmarie (08028)
  - 40 g Sand (08364)
  - 40 g Weiß (08224)
  - 20 g Smaragd (08321)
- Ca. 30 cm Draht (ø 2 mm)
- Vernähnadel
- Maschenmarkierer
- Schere

BASIS-AMIGURUMI (1× HÄKELN)

Häkle die Basis-Amigurumi (Kopf, Arme, Beine & Körper) nach der Basisanleitung ab Seite 36.

Verwende für alle Körperteile die Farbe Sand (08364).

HAARE (1× HÄKELN)

In Weiß

1. Runde: 6 fm in Fadenring (6)
2. Runde: (1 fm verd.) × 6 (12)
3. Runde: (1 fm, 1 fm verd.) × 6 (18)
4. Runde: (2 fm, 1 fm verd.) × 6 (24)
5. Runde: (3 fm, 1 fm verd.) × 6 (30)
6. Runde: (4 fm, 1 fm verd.) × 6 (36)
7. Runde: (5 fm, 1 fm verd.) × 6 (42)
8. Runde: (6 fm, 1 fm verd.) × 6 (48)
9. Runde: (7 fm, 1 fm verd.) × 6 (54)
10. Runde: (8 fm, 1 fm verd.) × 6 (60)
11.–15. Runde: 60 fm (5 Runden)

In der nachfolgenden 16. Runde werden die einzelnen Haarsträhnen gehäkelt:

16. Runde: (32 Lm, 1 Stb in die 3. Lm von der Nadel aus, 29 Stb, 1 Km in die gleiche Masche, 1 fm in nächste Masche) × 44

Runde mit 1 Km beenden, Faden lang genug abschneiden.

BART (1× HÄKELN)

In Weiß, in Reihen gehäkelt

Der Bart wird nach dem gleichen Prinzip wie die Haarsträhnen gehäkelt. Die Luftschlangenkette wird entsprechend der Anleitung gehäkelt. Alle Angaben innerhalb einer Klammer werden in eine Masche gehäkelt. Der Bart hat am Ende 24 Strähnen.

1. Reihe: 25 Lm anschlagen
2. Reihe: 1 fm in die 2. Lm von der Nadel aus,
(12 Lm, 1 Stb in die 3. Lm von der Nadel aus, 9 Stb, 1 Km, 1 fm) × 4,
(14 Lm, 1 Stb in die 3. Lm von der Nadel aus, 11 Stb, 1 Km, 1 fm) × 2,
(16 Lm, 1 Stb in die 3. Lm von der Nadel aus, 13 Stb, 1 Km, 1 fm) × 2,
(18 Lm, 1 Stb in die 3. Lm von der Nadel aus, 15 Stb, 1 Km, 1 fm) × 2,
(20 Lm, 1 Stb in die 3. Lm von der Nadel aus, 17 Stb, 1 Km, 1 fm) × 4,
(18 Lm, 1 Stb in die 3. Lm von der Nadel aus, 15 Stb, 1 Km, 1 fm) × 2,
(16 Lm, 1 Stb in die 3. Lm von der Nadel aus, 13 Stb, 1 Km, 1 fm) × 2,
(14 Lm, 1 Stb in die 3. Lm von der Nadel aus, 11 Stb, 1 Km, 1 fm) × 2,
(12 Lm, 1 Stb in die 3. Lm von der Nadel aus, 9 Stb, 1 Km, 1 fm) × 4

Häkle nun auf der gegenüberliegenden Seite der Luftmaschenkette weiter:

3. Reihe: 24 fm

Reihe mit 1 km beenden, Faden lang genug abschneiden.

KRONE (1× HÄKELN)

In Goldmarie

1. Runde: 75 Lm anschlagen, mit 1 Km zum Kreis schließen
2.–5. Runde: 75 fm (4 Runden)

Runde nicht beenden und weiter mit den Zacken der Krone.

KRONE ZACKEN (8× HÄKELN)

In Goldmarie, in Reihen gehäkelt

1.–2. Reihe: 9 fm, wenden (2 Reihen)
3. Reihe: 1 fm auslassen. 8 fm, wenden (8)
4. Reihe: 1 fm auslassen, 7 fm, wenden (7)
5. Reihe: 1 fm auslassen, 6 fm, wenden (6)

6. Reihe: 1 fm auslassen, 5 fm, wenden (5)
7. Reihe: 1 fm auslassen, 4 fm, wenden (4)
8. Reihe: 1 fm auslassen, 3 fm, wenden (3)
9. Reihe: 1 fm auslassen, 2 fm, wenden (2)
10. Reihe: 1 fm auslassen, 1 fm, wenden (1)
11. Reihe: 1 fm

Reihe mit 1 Km beenden, Faden abschneiden und vernähen.

Wiederhole die Reihen 1–11 weitere 7x, sodass die Krone am Ende 8 Zacken hat. Schlinge jeweils in der letzten Masche des letzten Zackens neu an. In die letzten 3 Fm nach dem 8. Zacken jeweils 1 feste Masche häkeln.

Beende die Runde nicht und umhäkle die Zacken der Krone einmal komplett mit festen Maschen.

FLOSSE (1× HÄKELN)

In Smaragd

1. Runde: 44 Lm anschlagen, mit 1 Km zum Kreis schließen
2.–9. Runde: 44 fm (8 Runden)
10. Runde: (9 fm, 1 fm abn.) × 4 (40)
11. Runde: 40 fm
12. Runde: (8 fm, 1 fm abn.) × 4 (36)
13. Runde: 36 fm
14. Runde: (7 fm, 1 fm abn.) × 4 (32)
15. Runde: (6 fm, 1 fm abn.) × 4 (28)
16. Runde: 28 fm
17. Runde: (5 fm, 1 fm abn.) × 4 (24)
18. Runde: 24 fm
19. Runde: (4 fm, 1 fm abn.) × 4 (20)
20. Runde: 20 fm
21. Runde: (3 fm, 1 fm abn.) × 4 (16)
22. Runde: 16 fm
23. Runde: (2 fm, 1 fm abn.) × 4 (12)
24. Runde: 12 fm
25. Runde: platt drücken und mit 6 fm zusammenhäkeln (6)

Runde mit 1 Km beenden, Faden abschneiden und vernähen.

SCHWANZFLOSSE (2× HÄKELN)

In Smaragd

1. Runde: 6 fm in Fadenring (6)
2. Runde: 6 fm
3. Runde: (1 fm, 1 fm verd.) × 3 (9)
4. Runde: (2 fm, 1 fm verd.) × 3 (12)
5. Runde: (3 fm, 1 fm verd.) × 3 (15)
6. Runde: (4 fm, 1 fm verd.) × 3 (18)
7.–10. Runde: 18 fm (4 Runden)
11. Runde: (1 fm, 1 fm abn.) × 6 (12)
12. Runde: (1 fm abn.) × 6 (6)
Hinweis: Die Schwanzflossen werden nicht gestopft.
13. Runde: platt drücken und mit 3 fm zusammenhäkeln (3)

Runde mit 1 Km beenden, Faden lang genug abschneiden.

DREIZACK – STAB (1× HÄKELN)

In Goldmarie, in Reihen gehäkelt

1. Reihe: 36 Lm anschlagen

Schneide ein ca. 15 cm langes Drahtstück ab. Die folgenden Maschen häkelst du nun um den Draht. Das heißt, du führst die Nadel hinter dem Draht durch, um den Faden das erste Mal zu holen. Das zweite Mal holst du den Faden dann vor den Draht, um die fm zu beenden.

2. Reihe: 1 fm in die 2. Lm von der Nadel aus, 25 fm

Nimm nun die restlichen 15 cm Draht und schlinge dieses Stück einmal um den Draht. Achte darauf, dass der Draht auf beiden Seiten (rechts und links) gleich viel übersteht. Im Folgenden umhäkelst du nun den restlichen Draht des Stabs.

2. Reihe Fortsetzung: 10 fm (35)

Beende die Reihe mit 1 Km, Faden abschneiden und vernähen.

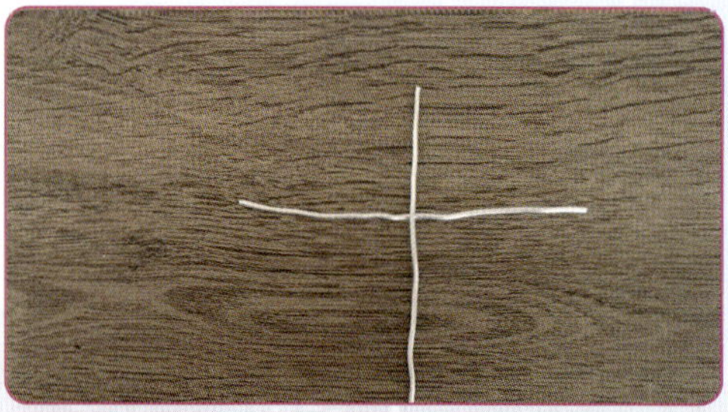

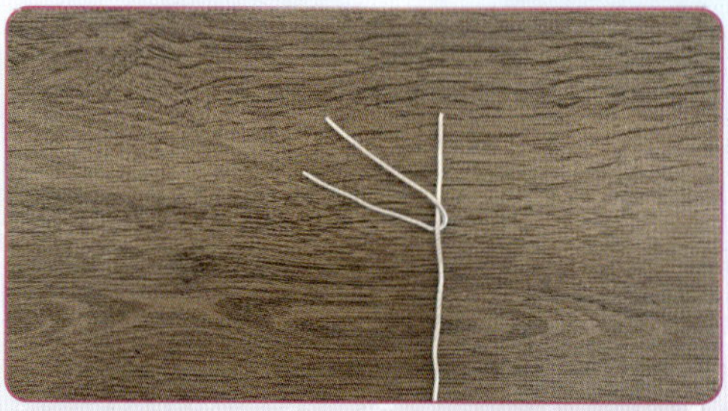

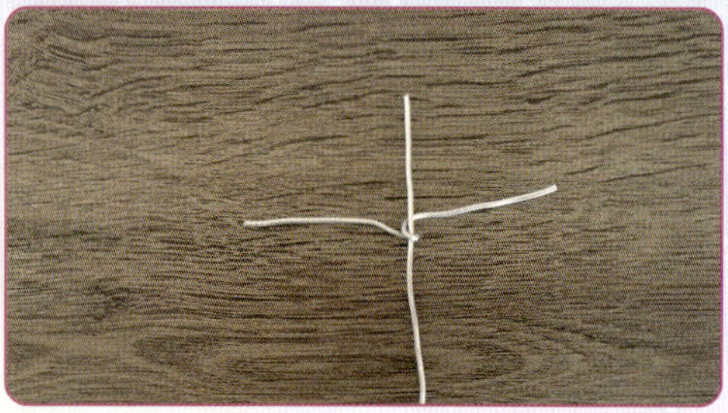

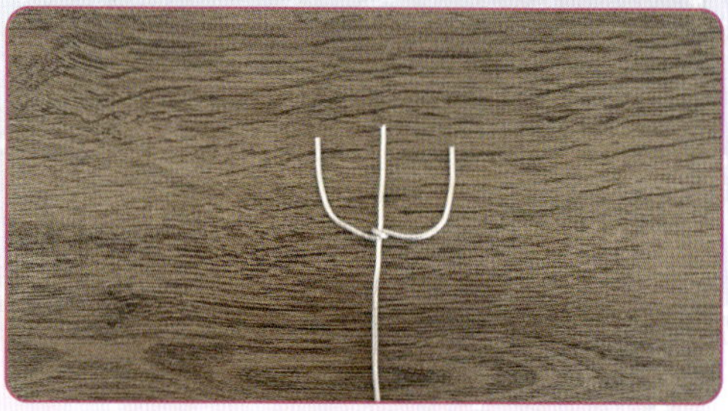

DREIZACK – ZACKEN (1× HÄKELN)

In Goldmarie

Im Folgenden umhäkelst du die Zacken.

1. Reihe: 27 Lm anschlagen

Die folgenden Maschen häkelst du nun um den Draht. Gehe dabei nach dem gleichen Prinzip wie beim Stab vor.

2. Reihe: 1 fm in die 2. Lm von der Nadel aus, 25 fm (26)

Reihe mit 1 Km beenden, Faden abschneiden und vernähen.

Hinweis: Die überstehenden Drahtenden kannst du einmal nach hinten umknicken, dann rutschen die Maschen nicht herunter.

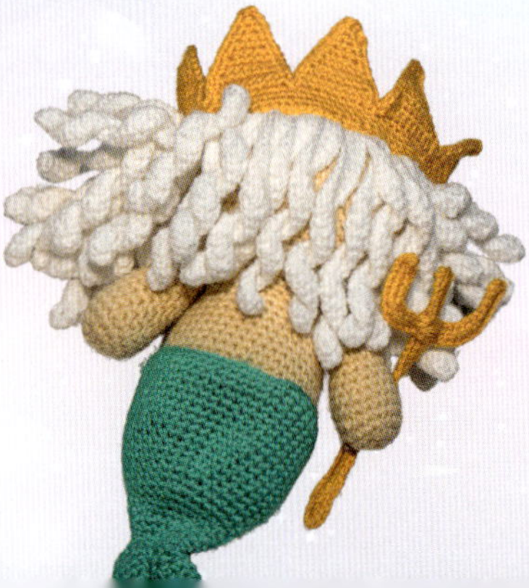

FERTIGSTELLUNG DES WASSERMANNS

1. **Flosse:** Ziehe die Flosse über die Beine des Wassermanns. Achte darauf, dass das zusammengehäkelte Ende gerade liegt. Sollte deine Flosse rutschen, nähe diese am Körper fest. Nähe am unteren Ende die beiden Schwanzflossen an.
2. **Haare:** Die Haare beginnen etwa 5 Runden oberhalb der Augen. Der Teil ohne Haarsträhnen liegt mittig über den Augen. Nähe die Haare entlang des Kreisendes (bevor die Strähnen anfangen) am Kopf an.
3. **Krone:** Setze die Krone auf den Kopf. Sie beginnt 2 Runden oberhalb der Augen. Nähe auch die Krone fest.
4. **Bart:** Den Bart nähst du etwa 8 Runden unterhalb der Augen fest. Schaue, dass sich der Bart nicht verdreht hat, bevor du ihn annähst. Die Seiten rechts und links zeigen leicht nach oben wie zu einem Halbkreis.
5. **Dreizack:** Biege die beiden Enden der Zacken nach oben, sodass 2 Zacken entstehen, der 3. und mittlere Zacken kommt vom Stab. Nähe den Doppelzacken am Stab fest. Nähe den Dreizack an der rechten Hand fest, dabei zeigen die Zacken nach oben.

Fertig ist dein Wassermann!

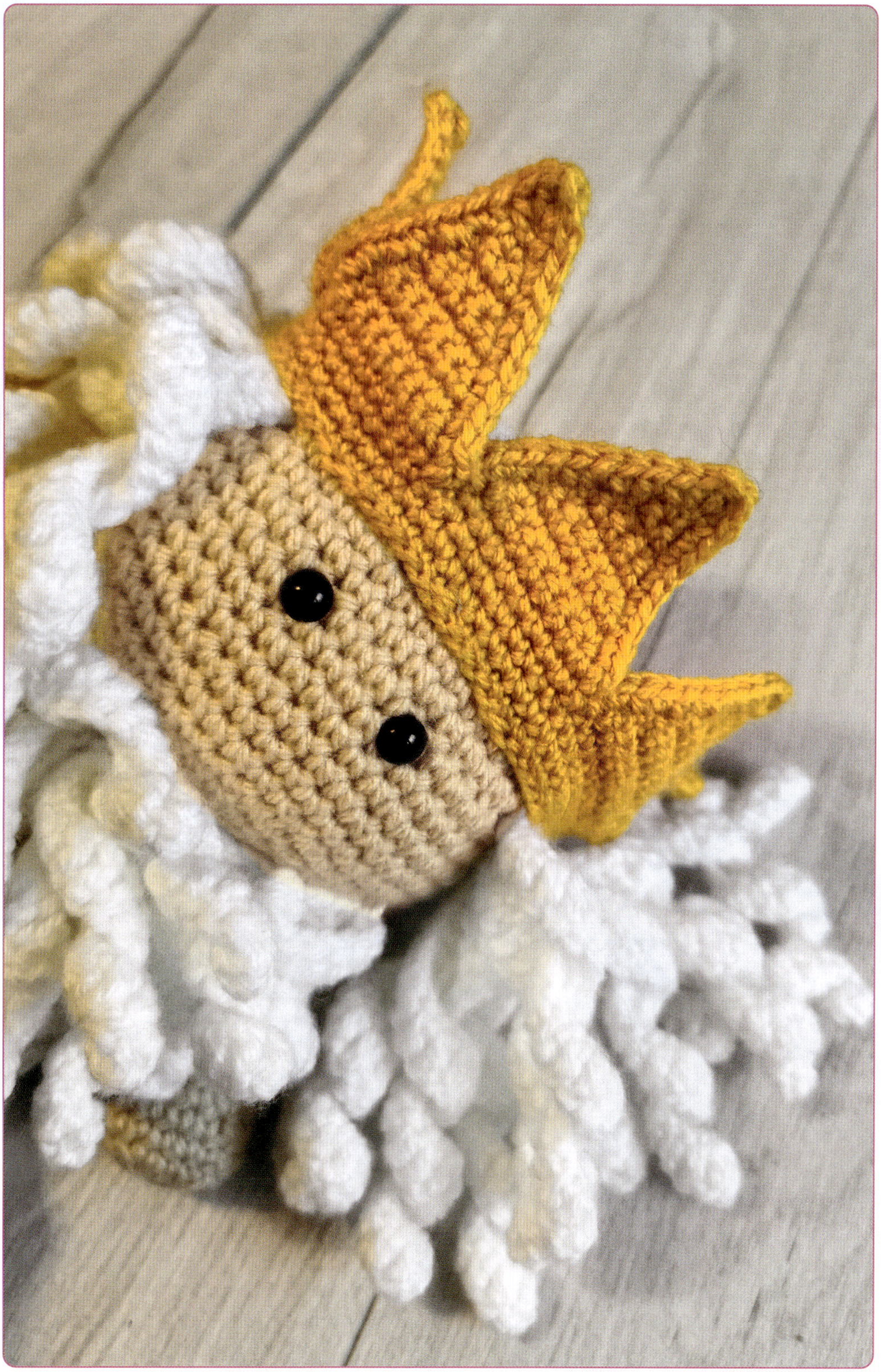

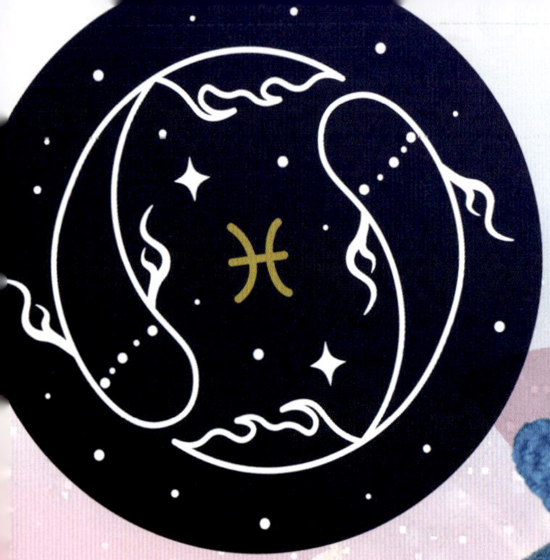

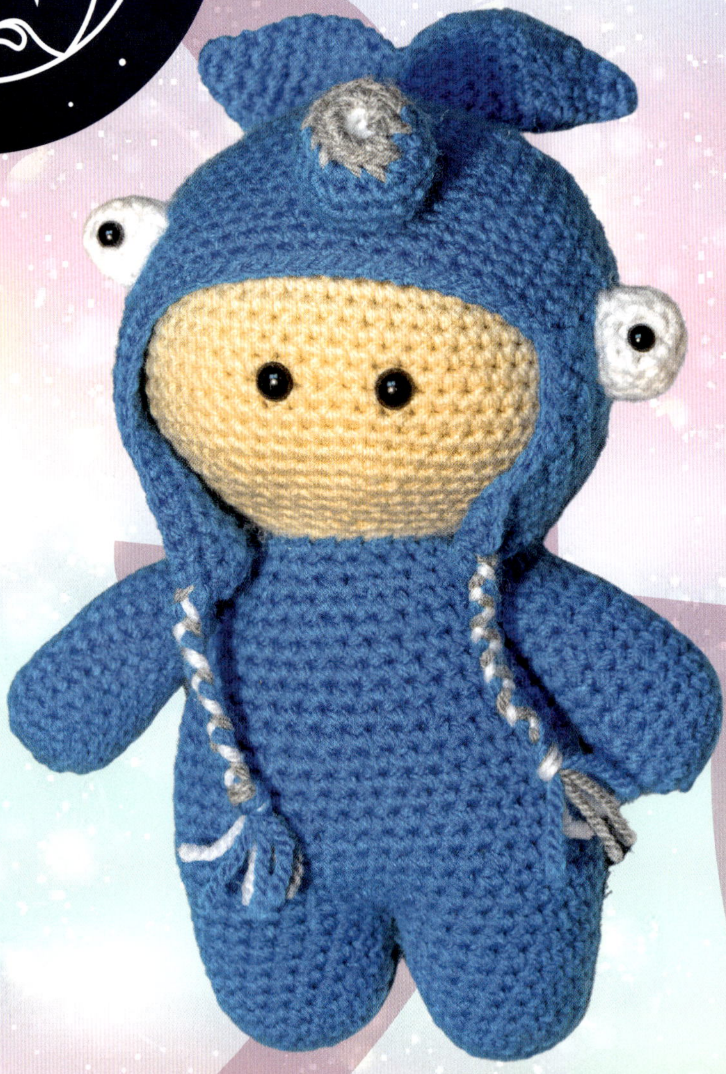

Zeitaufwand: ca. 4–5 Stunden
Größe: ca. 20 cm
Schwierigkeit: 1

FISCHE
ELEMENT: WASSER

20. FEBRUAR – 20. MÄRZ

Zum Ende des ersten Quartals des Jahres steht das Sternzeichen Fische. Fische sind einfühlsam, feinfühlig und überaus hilfsbereit. Sie sind sehr verständnisvoll und verzeihend. Das sind Gründe, weshalb Fische einen großen Freundeskreis haben. Trotz allem sind sie eher verschlossen und geben nur wenig von sich preis. Fröhlich und gut gelaunt gehen die Fische durch den Tag und nutzen ihre Chancen und Möglichkeiten. Sie müssen aber auch aufpassen, die Realität nicht aus den Augen zu verlieren. Sie verzeihen gern, aber sind auch verletzlich und empfindlich. So wie sie mit anderen Menschen umgehen, möchten sie, dass man auch mit ihnen umgeht.

Das Motto der Fische: Lebe deinen Traum!

MATERIAL:

- Häkelnadel 3,5 mm
- Wolle: Schachenmayr Bravo (133 m/50 g)
  - 40 g Iris (08259)
  - 20 g Sand (08364)
  - 10 g Weiß (08224)
  - 10 g Hellgrau meliert (08295)
- Sicherheitsaugen (1 Paar): 6 mm
- Füllwatte
- Vernähnadel
- Maschenmarkierer
- Schere

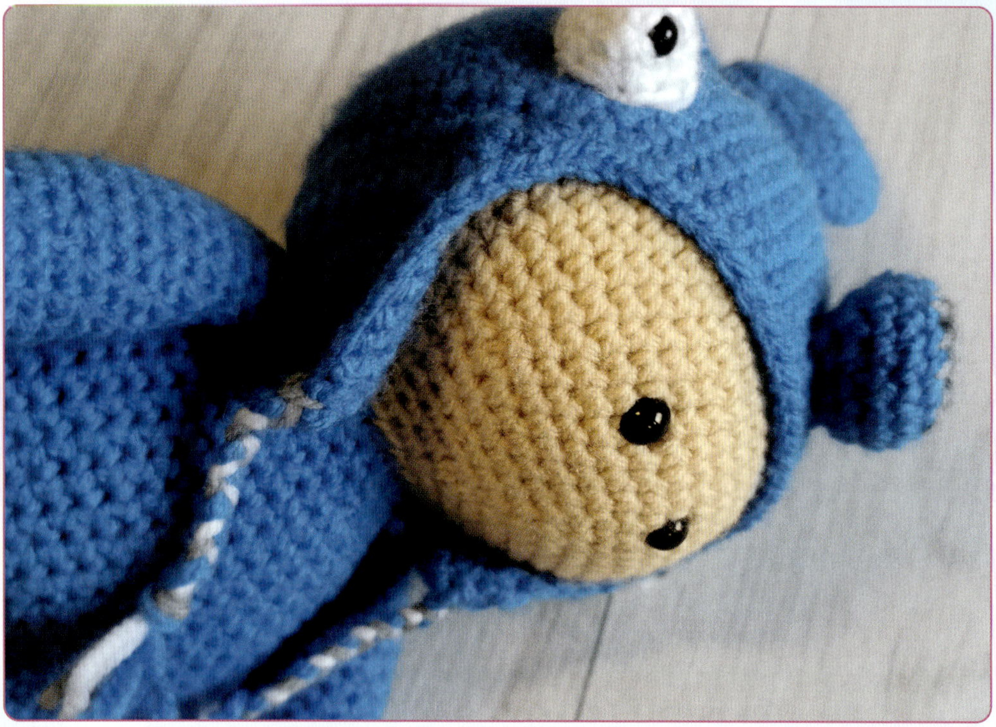

BASIS-AMIGURUMI (1× HÄKELN)

Häkle die Basis-Amigurumi (Kopf, Arme, Beine & Körper) nach der Basisanleitung ab Seite 36.

Verwende für Arme, Beine, Körper die Farbe Iris (08259), für den Kopf verwende die Farbe Sand (08364).

MÜTZE (1× HÄKELN)

In Iris

1. Runde: 6 fm in Fadenring (6)
2. Runde: (1 fm verd.) × 6 (12)
3. Runde: (1 fm, 1 fm verd.) × 6 (18)
4. Runde: (2 fm, 1 fm verd.) × 6 (24)
5. Runde: (3 fm, 1 fm verd.) × 6 (30)
6. Runde: (4 fm, 1 fm verd.) × 6 (36)
7. Runde: (5 fm, 1 fm verd.) × 6 (42)
8. Runde: (6 fm, 1 fm verd.) × 6 (48)
9. Runde: (7 fm, 1 fm verd.) × 6 (54)
10. Runde: (8 fm, 1 fm verd.) × 6 (60)
11.–21. Runde: 60 fm (11 Runden)

Im Folgenden werden die Seiten (Ohrenschützer) an die Mütze gehäkelt. Dafür wird in Reihen weitergearbeitet.

1.–2. Reihe: 14 fm, wenden (2 Reihen)
3. Reihe: 1 fm auslassen, 11 fm, 1 fm abn., wenden (12)
4. Reihe: 1 fm auslassen, 9 fm, 1 fm abn., wenden (10)
5. Reihe: 1 fm auslassen, 7 fm, 1 fm abn., wenden (8)
6. Reihe: 1 fm auslassen, 5 fm, 1 fm abn., wenden (6)
7. Reihe: 6 fm, wenden (6)
8. Reihe: 1 fm auslassen, 5 fm, wenden (5)
9. Reihe: 1 fm auslassen, 4 fm, wenden (4)
10. Reihe: 4 fm, wenden (4)
11. Reihe: 1 fm auslassen, 3 fm, wenden (3)
12. Reihe: 1 fm auslassen, 2 fm, wenden (2)
13. Reihe: 1 fm auslassen, 1 fm, wenden (1)

Reihe mit 1 Km beenden, Faden etwa 15 cm abschneiden.

Zähle nun links von der eben gehäkelten Seite 20 Maschen. Schlinge in dieser Masche neu an. Wiederhole nun die Reihen 1–13.

Umhäkle anschließend die gesamte Mütze mit festen Maschen.

Zipfel für die Seiten: Schneide jeweils 2× 30 cm lange Fäden der Farben Iris, Weiß und Hellgrau meliert zu. Fädle nun jeweils einen Faden jeder Farbe an die linke und an die rechte Ohrseite. Fädle die Faden genau an der Spitze ein, wo auch der Faden aus Runde 13 endete. Die Endfäden nach Runde 13 werden mit eingeflochten.

Flechte nun etwa 5 cm, verknote die Enden und schneide die restlichen Fäden mit ca. 1 cm Rest ab.

AUGEN (2× HÄKELN)

In Weiß

1. Runde: 6 fm in Fadenring (6)
2. Runde: (1 fm verd.) × 6 (12)
3. Runde: 12 fm
4. Runde: (4 fm, 1 fm abn.) × 2 (10)

Runde mit 1 Km beenden, Faden lang genug abschneiden.

RÜCKENFLOSSE (1× HÄKELN)

In Iris

1. Runde: 6 fm in Fadenring (6)
2. Runde: 6 fm
3. Runde: (1 fm, 1 fm verd.) × 3 (9)
4. Runde: (2 fm, 1 fm verd.) × 3 (12)
5. Runde: (3 fm, 1 fm verd.) × 3 (15)
6. Runde: (4 fm, 1 fm verd.) × 3 (18)
7.–11. Runde: 18 fm (5 Runden)
12. Runde: (2 fm, 1 fm verd.) × 6 (24)
Hinweis: Die Rückenflosse wird nicht gestopft.

Runde mit 1 Km beenden, Faden lang genug abschneiden.

FLOSSEN AM KOPF (2× HÄKELN)

In Iris

1. Runde: 6 fm in Fadenring (6)
2. Runde: 6 fm
3. Runde: (1 fm, 1 fm verd.) × 3 (9)
4. Runde: (2 fm, 1 fm verd.) × 3 (12)
5. Runde: (3 fm, 1 fm verd.) × 3 (15)
6. Runde: (4 fm, 1 fm verd.) × 3 (18)
7.–10. Runde: 18 fm (4 Runden)
11. Runde: (1 fm, 1 fm abn.) × 6 (12)
12. Runde: (1 fm abn.) × 6 (6)
Hinweis: Die Flossen werden nicht gestopft.
13. Runde: platt drücken und mit 3 fm zusammenhäkeln (3)

Runde mit 1 Km beenden, Faden abschneiden und vernähen.

→ Beende die 2. Flosse nicht, häkle wie folgt weiter: wenden, 3 fm, 3 fm in die 1. Flosse, wenden, 6 fm; Reihe mit 1 Km beenden, Faden lang genug abschneiden.

SCHNAUZE (1× HÄKELN)

In Weiß

1. Runde: 6 fm in Fadenring (6)
2.–4. Runde: 6 fm (3 Runden) → Farbwechsel zu Hellgrau meliert
5. Runde: (1 fm verd.) × 6 (12) → Farbwechsel zu Iris

Dieser Teil wird nach innen gestülpt.

6. Runde: (1 fm, 1 fm verd.) × 6 (18)
7.–8. Runde: 18 fm (2 Runden)
9. Runde: (1 fm, 1 fm abn.) × 6 (12)
10. Runde: (1 fm, 1 fm abn.) × 4 (8)

Runde mit 1 Km beenden, Faden lang genug abschneiden.

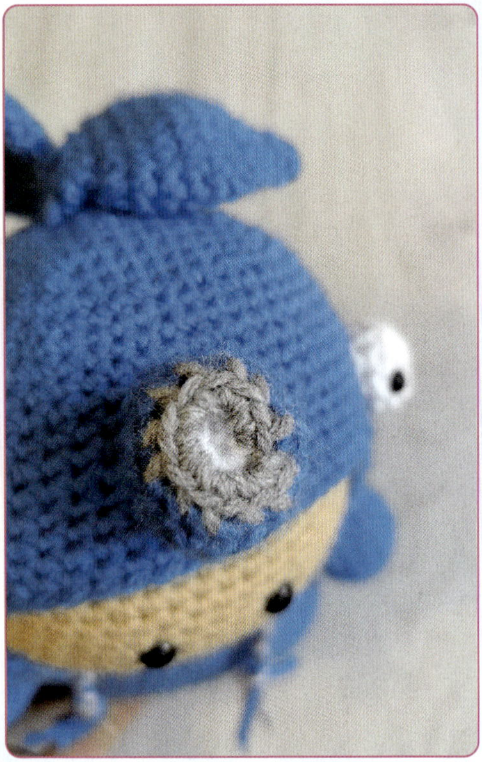

4. **Flossen:** Das Flossenpaar liegt auf gleicher Linie mit der Schnauze. Die Flossen liegen dabei genau auf dem Rundenanfang der Mütze.
5. **Rückenflosse:** Drücke die nicht gestopfte Rückenflosse platt zusammen und nähe sie mittig auf den Rücken, dabei liegt die lange Seite senkrecht.

Fertig ist dein Fisch!

FERTIGSTELLUNG DES FISCHS

Hinweis: Die Vorderseite der Mütze ist die, bei der der Abstand zwischen den Ohrenschützern 20 Maschen beträgt.

1. **Mütze:** Ziehe die Mütze nun über den Kopf. Sie liegt etwa 3–4 Runden oberhalb der Augen. Sollte die Mütze noch rutschen, kannst du diese einmal rundherum fest nähen.
2. **Augen:** Setze die Sicherheitsaugen auf Höhe der 2. Runde ein. Stopfe die Augen mit etwas Füllwatte aus. Die Augen liegen seitlich auf der Mütze, etwa 1–2 Runden oberhalb der Augen von Amigurumi. Setze die Augen etwa auf Höhe der 16. Runde der Mütze an.
3. **Schnauze:** Die Schnauze liegt genau in der Mitte der Augen (sowohl vom Fisch als auch vom Amigurumi). Zähle vom Rand der Mütze 2 Runden.

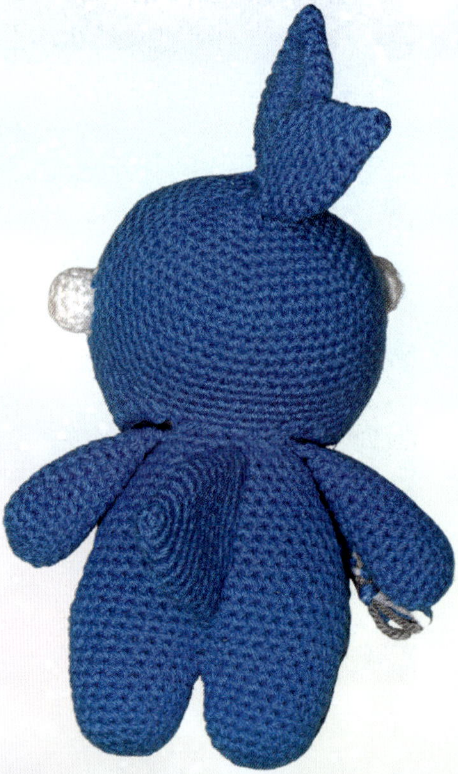

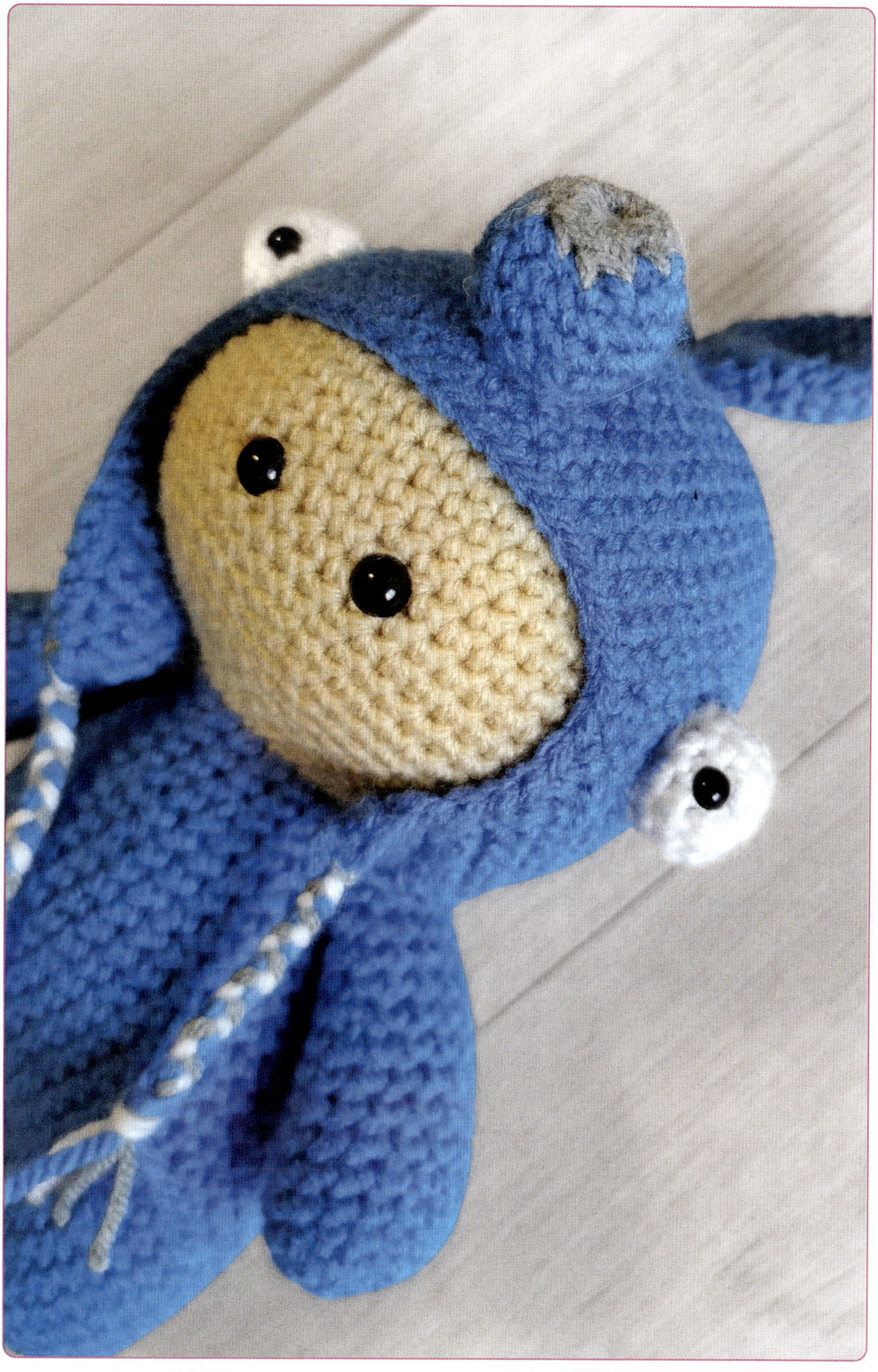

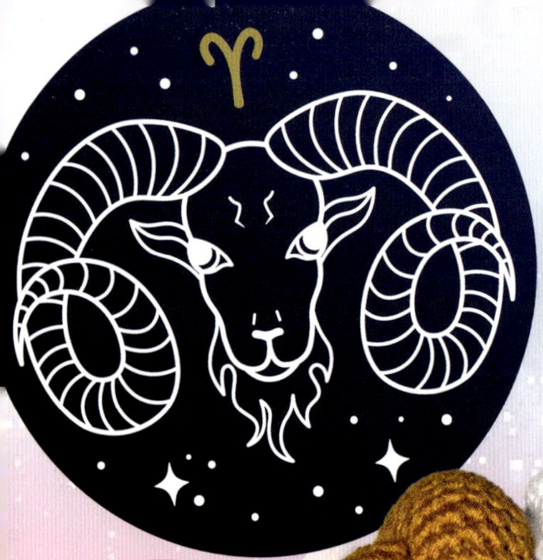

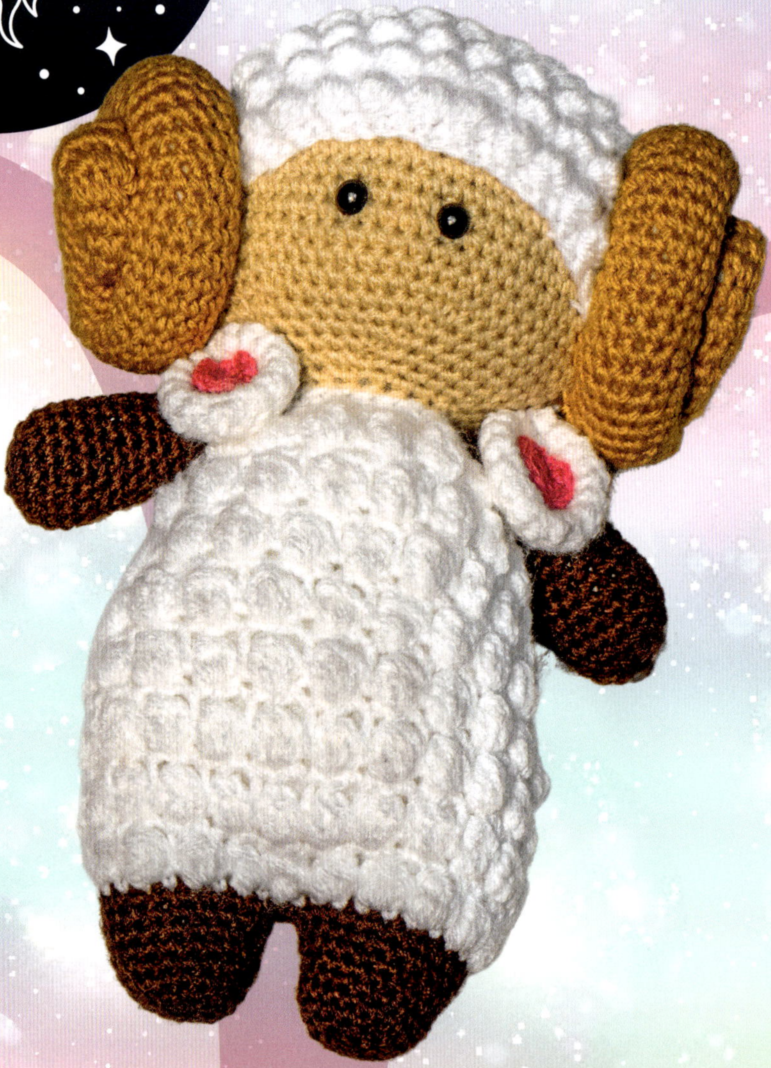

Zeitaufwand: ca. 10 Stunden
Größe: ca. 25 cm
Schwierigkeit: 3

WIDDER
ELEMENT: FEUER

21. MÄRZ – 20. APRIL

Zielstrebig und abenteuerlustig, so wird der Widder beschrieben. Sie sind willensstark, leidenschaftlich und wollen ihre Ziele um jeden Preis erreichen. Wenn es sein muss, dann auch mal sprichwörtlich mit dem Kopf durch die Wand. Daneben sind Widder sehr direkt und teilen ihre Meinungen und Ansichten offen mit. Damit geraten sie gerne auch mal in Streitereien, in denen sie selbstsicher bis arrogant erscheinen können. Sie sind auf der Suche nach spontanen Menschen und möchten mit diesen viel erleben. Sie wickeln andere mit ihrem Charme im Handumdrehen um den Finger. Widder sind treu und machen sich stark für ihre Liebsten. Die Herausforderung nimmt der Widder gerne an und sie gibt ihm neuen Auftrieb.

Motto der Widder: Geht nicht, gibt's nicht!

MATERIAL:

- Häkelnadel 3,5 mm
- Wolle: Schachenmayr Bravo (133 m/50 g)
  - 70 g Weiß (08224)
  - 40 g Goldmarie (08028)
  - 10 g Braun (08281)
  - 10 g Sand (08364)
  - Rest Candy (08305)
- Füllwatte
- Vernähnadel
- Maschenmarkierer
- Schere

BASIS-AMIGURUMI (1× HÄKELN)

Häkle die Basis-Amigurumi (Kopf, Arme & Beine) nach der Basisanleitung ab Seite 36.

Verwende für den Kopf die Farbe Sand (08364). Für die Arme und Beine verwende die Farbe Braun (08281).

ACHTUNG: Die Verbindung der Beine und des Körpers werden nicht entsprechend der Basisanleitung gehäkelt. Die Anleitung für den Körper findest du hier im Nachfolgenden.

VERBINDUNG DER BEINE (1× HÄKELN)

In Weiß

Verbindung von Bein 1 und Bein 2:

10. Runde: 20 fm um das erste Bein (beginne in der 1. fm nach der Km), 20 fm um das zweite Bein

Markiere dir die letzte Masche mit einem Maschenmarkierer als deinen neuen Rundenanfang.

KÖRPER (1× HÄKELN)

In Weiß

Damit der Widder das Noppenmuster bzw. die Fellstruktur bekommt, wird mit Büschelmaschen (BM) gearbeitet. Die Büschelmaschen bestehen aus jeweils 4 nicht komplett abgemaschten Stäbchen (siehe Grundkurs Häkeln ab Seite 112). Im Nachfolgenden wird abwechselnd je eine Runde mit festen Maschen und Büschelmaschen und eine Runde nur mit festen Maschen gearbeitet.

11. Runde: 40 fm
12. Runde: ((1 BM, 1 fm) × 4, 1 BM, 1 fm verd.) × 4 (44)
13. Runde: 44 fm
14. Runde: (1 BM, 1 fm) × 22 (44)
15. Runde: 11 fm, 1 fm abn., 20 fm, 1 fm abn., 9 fm (42)
16. Runde: (1 BM, 1 fm) × 21 (42)
17. Runde: 10 fm, 1 fm abn., 19 fm, 1 fm abn., 9 fm (40)
18. Runde: (1 BM, 1 fm) × 20 (40)
19. Runde: 9 fm, 1 fm abn., 18 fm, 1 fm abn., 9 fm (38)
20. Runde: (1 BM, 1 fm) × 19 (38)
21. Runde: 9 fm, 1 fm abn., 17 fm, 1 fm abn., 8 fm (36)
22. Runde: (1 BM, 1 fm) × 4, 1 fm abn., (1 BM, 1 fm) × 8, 1 fm abn., (1 BM, 1 fm) × 4 (34)
23. Runde: 8 fm, 1 fm abn., 15 fm, 1 fm abn., 7 fm (32)
24. Runde: (1 BM, 1 fm) × 16 (32)
25. Runde: 7 fm, 1 fm abn., 14 fm, 1 fm abn., 7 fm (30)
26. Runde: (1 BM, 1 fm) × 15 (30)

Ab Runde 27 werden nur noch feste Maschen gearbeitet.

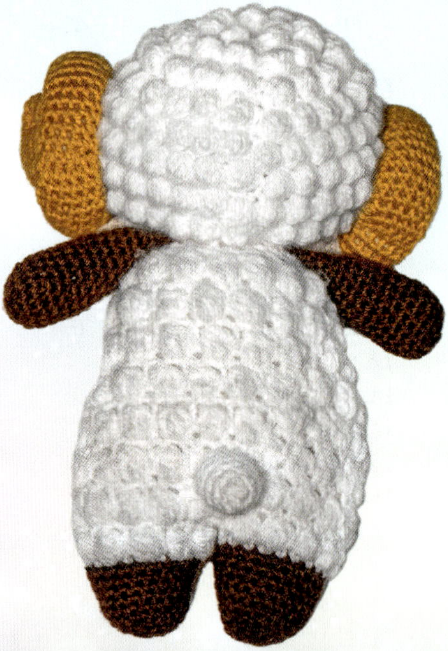

27. Runde: (3 fm, 1 fm abn.) × 6 (24)

In der folgenden Runde werden die Arme direkt an den Körper angehäkelt:

28. Runde: 5 fm, 5 fm in jeweils eine Masche des Arms und des Körpers, 8 fm, 5 fm in jeweils eine Masche des Arms und des Körpers, 1 fm (24)
29. Runde: 24 fm

Runde mit 1 Km beenden, Faden abschneiden und vernähen.

Achte darauf, dass die Noppen nach außen gedrückt sind.

MÜTZE (1× HÄKELN)

In Weiß

Die Mütze wird mit dem gleichen Noppenmuster wie der Körper gehäkelt. Das heißt, auch hier arbeitest du im Wechsel mit Runden mit Büschelmaschen und festen Maschen und Runden nur mit festen Maschen. Die Büschelmaschen bestehen auch hier aus 4 nicht komplett abgemaschten Stäbchen.

1. Runde: 6 fm in Fadenring (6)
2. Runde: (1 fm verd.) × 6 (12)
3. Runde: (1 BM, 1 fm verd.) × 6 (18)
4. Runde: (2 fm, 1 fm verd.) × 6 (24)
5. Runde: (1 BM, 1 fm, 1 BM, 1 fm verd.) × 6 (30)
6. Runde: (4 fm, 1 fm verd.) × 6 (36)
7. Runde: (1 BM, 1 fm, 1 BM, 1 fm, 1 BM, 1 fm verd.) × 6 (42)
8. Runde: (6 fm, 1 fm verd.) × 6 (48)
9. Runde: (1 BM, 1 fm, 1 BM, 1 fm, 1 BM, 1 fm, 1 BM, 1 fm verd.) × 6 (54)
10. Runde: (8 fm, 1 fm verd.) × 6 (60)
11. Runde: (1 BM, 1 fm) × 30 (60)
12. Runde: 60 fm
13. Runde: (1 BM, 1 fm) × 30 (60)
14. Runde: 60 fm
15. Runde: (1 BM, 1 fm) × 30 (60)
16. Runde: 60 fm
17. Runde: (1 BM, 1 fm) × 30 (60)
18. Runde: 60 fm

Runde mit 1 Km beenden, Faden lang genug abschneiden.

AUSSENOHREN (2× HÄKELN)

In Weiß

1. Runde: 6 fm in Fadenring (6)
2. Runde: (1 fm verd.) × 6 (12)
3. Runde: (1 fm, 1 fm verd.) × 6 (18)
4.–7. Runde: 18 fm (4 Runden)
8. Runde: (1 fm, 1 fm abn.) × 6 (12)
9. Runde: (1 fm abn.) × 6 (6)

→ Runde mit 1 Km beenden, Faden lang genug abschneiden.

INNENOHREN (2× HÄKELN)

In Candy

1. Runde: 6 fm in Fadenring (6)
2. Runde: (1 fm verd.) × 6 (12)

Runde mit 1 Km beenden, Faden lang genug abschneiden.

HÖRNER (2× HÄKELN)

In Goldmarie

1. Runde: 4 fm in Fadenring (4)
2. Runde: 4 fm
3. Runde: (1 fm, 1 fm verd.) × 2 (6)
4.–5. Runde: 6 fm (2 Runden)
6. Runde: (1 fm, 1 fm verd.) × 3 (9)
7.–9. Runde: 9 fm (3 Runden)
10. Runde: (2 fm, 1 fm verd.) × 3 (12)
11.–55. Runde: 12 fm (45 Runden)

Stopfe das Horn mit Füllwatte aus.

56. Runde: platt drücken und mit 6 fm zusammenhäkeln (6)

Runde mit 1 Km beenden, Faden sehr lang abschneiden.

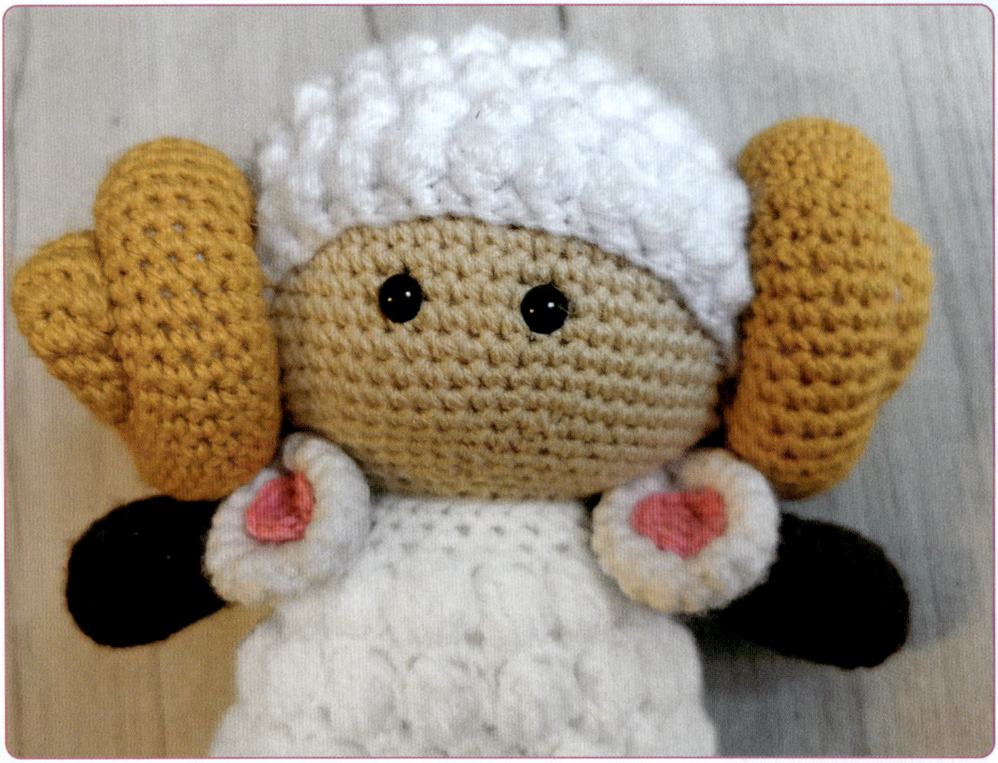

SCHWÄNZCHEN (1× HÄKELN)

In Weiß

1. Runde: 6 fm in Fadenring (6)
2. Runde: (1 fm, 1 fm verd.) × 3 (9)
3.–6. Runde: 9 fm (4 Runden)

Runde mit 1 Km beenden, Faden lang genug abschneiden.

FERTIGSTELLUNG DES WIDDERS

Hinweis: Die Vorderseite der Mütze ist die, bei der der Abstand zwischen den Ohrenschützern 20 Maschen beträgt.

1. **Mütze:** Ziehe die Mütze nun über den Kopf. Sie liegt etwa 2 Runden oberhalb der Augen. Sollte die Mütze noch rutschen, kannst du diese einmal rundherum festnähen.
2. **Ohren:** Nähe die Innenohren mittig auf die Außenohren auf. Die Ohren werden am Ende etwas zusammengefaltet. Die Ohren liegen rechts bzw. links jeweils vor den Armen und beginnen etwa 3 Runden oberhalb des Kopfrandes.
3. **Hörner:** Die Hörner werden zuerst einmal zu Spiralen gerollt. Die dünne Spitze liegt in der Mitte. Nähe die Spiralen nun mit ein paar Stichen fest, damit sie sich nicht wieder aufrollen. Anschließend werden diese links und rechts an den Kopf genäht. Sie liegen über den Armen und hinter den Ohren. Das untere Ende der Spirale schließt mit dem Kopf ab.
4. **Schwänzchen:** Nähe das Schwänzchen auf der Rückseite an den Körper. Das Schwänzchen liegt exakt zwischen beiden Beinen auf Höhe der Verbindung zum Körper.

Fertig ist dein Widder!

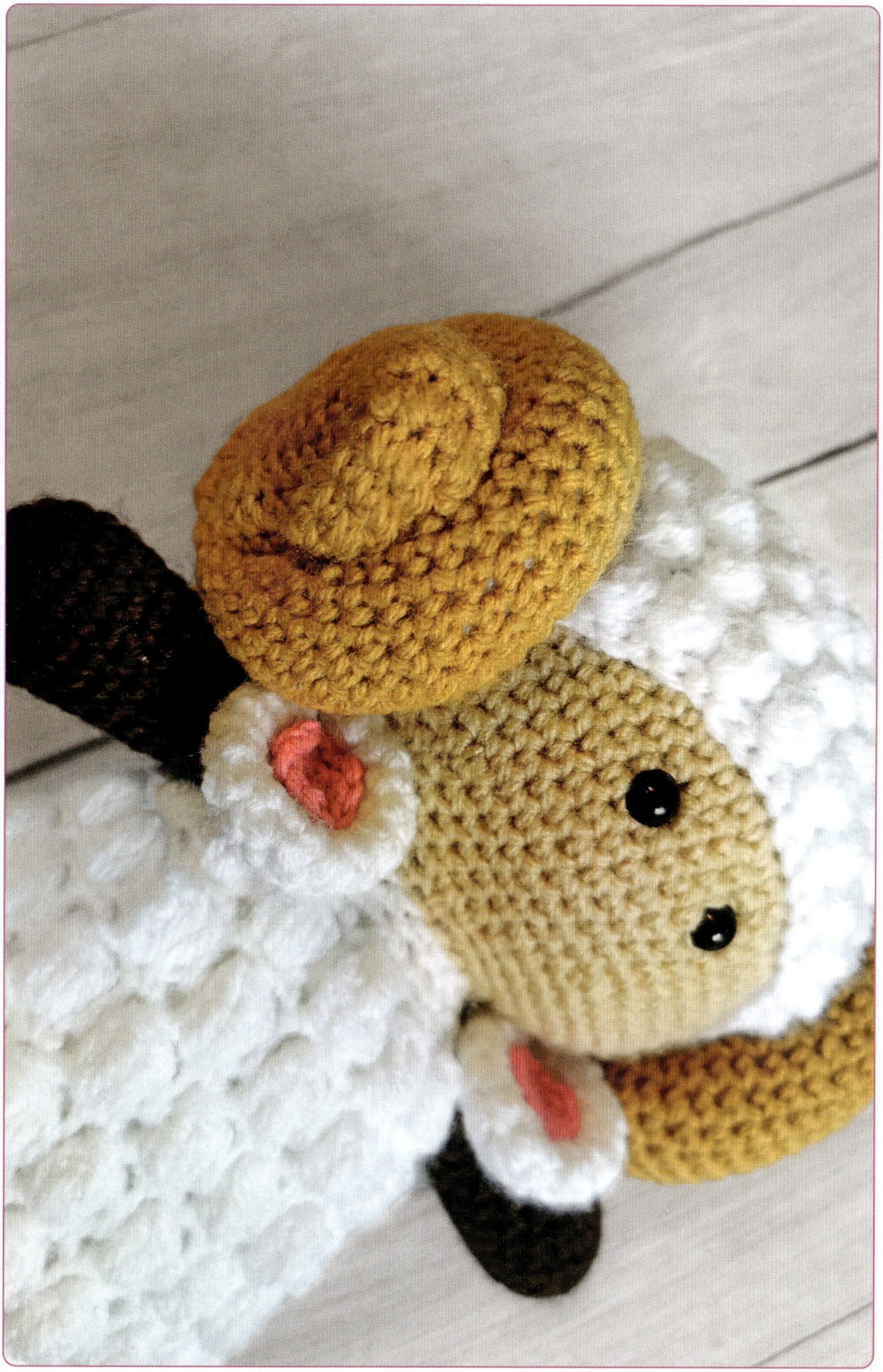

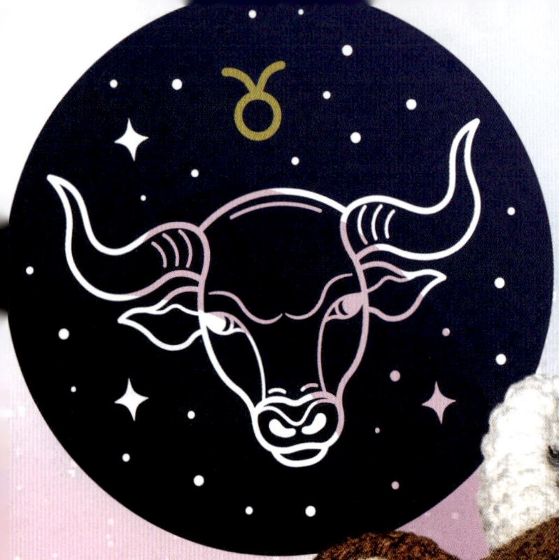

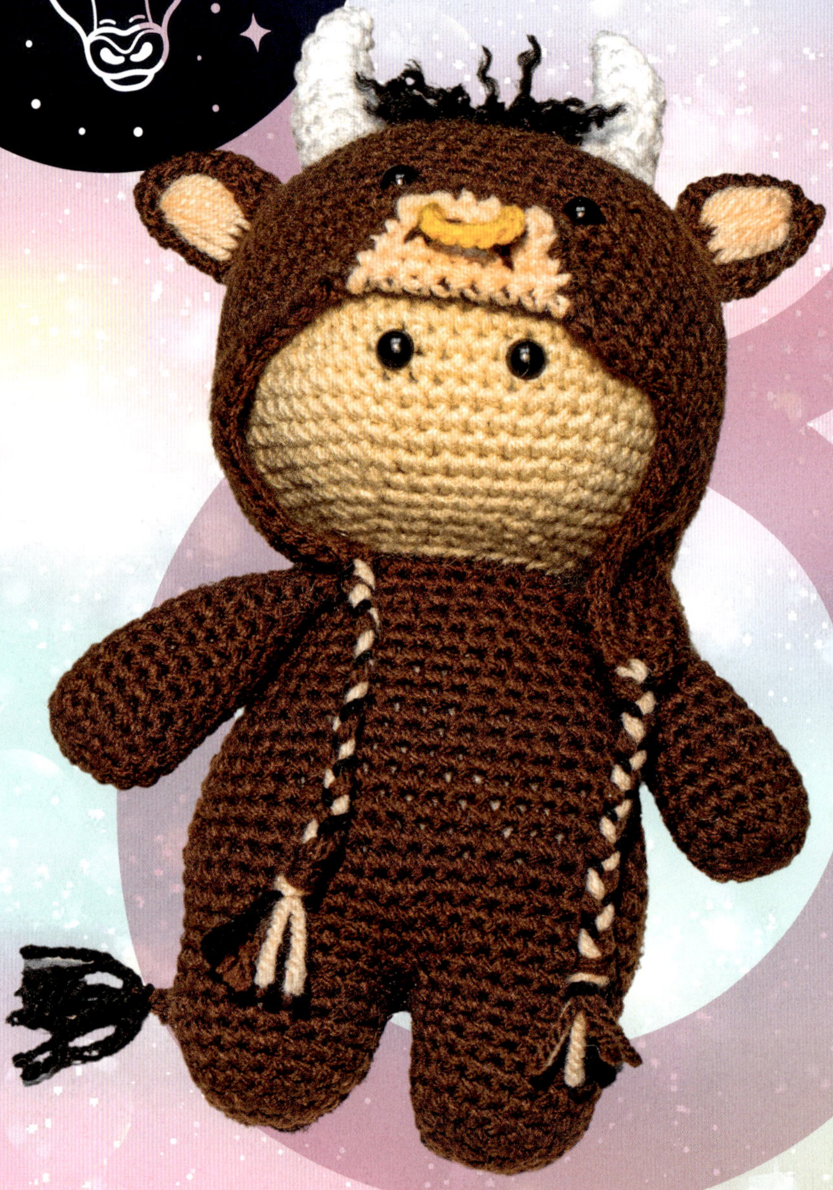

Zeitaufwand: ca. 5 Stunden
Größe: ca. 24 cm mit Hörnern
Schwierigkeit: 1

STIER
ELEMENT: ERDE

21. APRIL – 20. MAI

Der Stier ist ein Sternzeichen, welches für Zuverlässigkeit und Beständigkeit steht. Stiere sind verantwortungsbewusst und sehr an der Realität orientiert. Sie denken rational und handeln pragmatisch. Große Leidenschaften und Partynächte sind Fehlanzeige. Der Stier ist außerordentlich treu und zuverlässig gegenüber seinen liebsten Menschen. Auf einen Stier ist Verlass, egal ob in guten oder schlechten Zeiten. Trotz alledem sind Stiere kompromisslose Gemüter und teilweise engstirnig. Ein Stier verzeiht zwar gerne und schnell, das Vergessen gehört dennoch nicht zu seinen besten Fähigkeiten. Einen Stier sollte man also besser nicht provozieren und seine gutmütige Art nicht ausnutzen.

Das Motto der Stiere: Ich bin immer für dich da!

MATERIAL:

- Häkelnadel 3,5 mm
- Wolle: Schachenmayr Bravo (133 m/50 g)
  - 50 g Braun (08281)
  - 10 g Sand (08364)
  - 5 g Melba (08322)
  - 5 g Weiß (08224)
  - Rest Schwarz (08226) & Gelb (08210)
- Sicherheitsaugen (1 Paar): 8 mm
- Füllwatte
- Vernähnadel
- Maschenmarkierer
- Schere

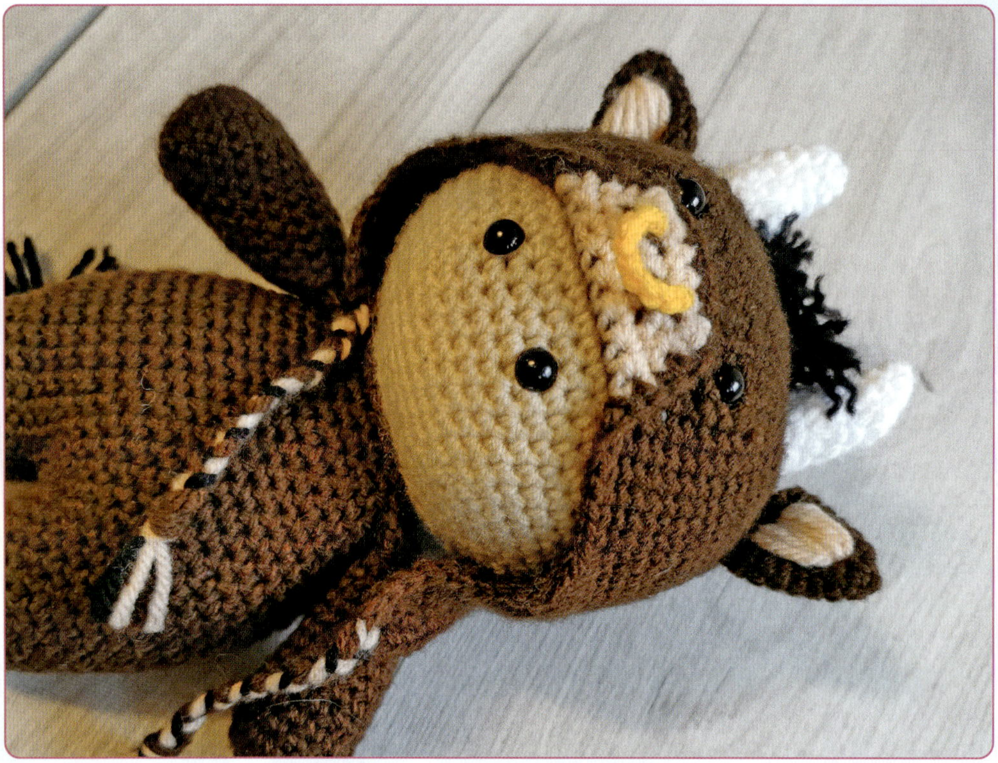

BASIS-AMIGURUMI (1× HÄKELN)

Häkle die Basis-Amigurumi (Kopf, Arme, Beine & Körper) nach der Basisanleitung ab Seite 36.

Verwende für den Kopf die Farbe Sand (08364), für die restlichen Körperteile verwende die Farbe Braun (08281).

MÜTZE (1× HÄKELN)

In Braun

1. Runde: 6 fm in Fadenring (6)
2. Runde: (1 fm verd.) × 6 (12)
3. Runde: (1 fm, 1 fm verd.) × 6 (18)
4. Runde: (2 fm, 1 fm verd.) × 6 (24)
5. Runde: (3 fm, 1 fm verd.) × 6 (30)
6. Runde: (4 fm, 1 fm verd.) × 6 (36)
7. Runde: (5 fm, 1 fm verd.) × 6 (42)
8. Runde: (6 fm, 1 fm verd.) × 6 (48)
9. Runde: (7 fm, 1 fm verd.) × 6 (54)
10. Runde: (8 fm, 1 fm verd.) × 6 (60)
11.–21. Runde: 60 fm (11 Runden)

Im Folgenden werden die Seiten (Ohrenschützer) an die Mütze gehäkelt. Dafür wird mit Reihen weitergearbeitet.

1.–2. Reihe: 14 fm, wenden (2 Reihen)
3. Reihe: 1 fm auslassen, 11 fm, 1 fm abn., wenden (12)
4. Reihe: 1 fm auslassen, 9 fm, 1 fm abn., wenden (10)
5. Reihe: 1 fm auslassen, 7 fm, 1 fm abn., wenden (8)
6. Reihe: 1 fm auslassen, 5 fm, 1 fm abn., wenden (6)
7. Reihe: 6 fm, wenden (6)
8. Reihe: 1 fm auslassen, 5 fm, wenden (5)
9. Reihe: 1 fm auslassen, 4 fm, wenden (4)
10. Reihe: 4 fm, wenden (4)
11. Reihe: 1 fm auslassen, 3 fm, wenden (3)
12. Reihe: 1 fm auslassen, 2 fm, wenden (2)
13. Reihe: 1 fm auslassen, 1 fm, wenden (1)

Reihe mit 1 Km beenden, Faden etwa 15 cm abschneiden.

Zähle nun links ab der eben gehäkelten Seite 20 Maschen. Schlinge in dieser Masche neu an. Wiederhole nun die Reihen 1–13.

Nachfolgend wird die Schnauze an die Mütze angehäkelt.

SCHNAUZE (1× HÄKELN)

In Melba, in Reihen gehäkelt

Schlinge mit 6 Maschen Abstand zu den Seiten (Ohrenschützer) der Mütze neu an. Die Schnauze liegt somit mittig zwischen den beiden Seiten (auf der langen Seite der Mütze).

1.–4. Reihe: 8 fm, wenden (4 Reihen)
5. Reihe: 1 fm auslassen, 5 fm, 1 fm abn., wenden (6)

Reihe mit 1 Km beenden, Faden lang genug abschneiden.

Umhäkle anschließend die gesamte Mütze und Schnauze mit festen Maschen. Verwende dazu die Garnfarbe Braun.

Zipfel für die Seiten: Schneide jeweils 2× 30 cm lange Fäden der Farben Braun, Schwarz und Melba zu. Fädle nun jeweils einen Faden jeder Farbe an die linke und an die rechte Ohrseite. Fädle die Fäden genau an der Spitze ein, wo auch der Faden aus Runde 13 endete. Die Endfäden nach Runde 13 werden mit eingeflochten.

Flechte nun etwa 5 cm, verknote die Enden und schneide die restlichen Fäden mit ca. 1 cm Rest ab.

NASENRING (1× HÄKELN)

In Gelb, in Reihen gehäkelt

1. Reihe: 10 Lm

Reihe beenden und Faden abschneiden.

OHREN (2× HÄKELN)

In Braun

1. Runde: 4 fm in Fadenring (4)
2. Runde: (1 fm, 1 fm verd.) × 2 (6)
3. Runde: (1 fm, 1 fm verd.) × 3 (9)
4. Runde: 9 fm
5. Runde: (2 fm, 1 fm verd.) × 3 (12)
6. Runde: 12 fm
7. Runde: (3 fm, 1 fm verd.) × 3 (15)
8. Runde: 15 fm

Runde mit 1 Km beenden, Faden lang genug abschneiden.

HÖRNER (2× HÄKELN)

In Weiß

1. Runde: 4 fm in Fadenring (4)
2. Runde: (1 fm, 1 fm verd.) × 2 (6)
3. Runde: (1 fm, 1 fm verd.) × 3 (9)
4. Runde: 9 fm
5. Runde: (1 fm verd.) × 2, 1 fm, (1 fm abn.) × 2, 2 fm (9)
6. Runde: 9 fm
7. Runde: (1 fm verd.) × 2, 1 fm, (1 fm abn.) × 2, 2 fm (9)
8.–9. Runde: 9 fm (2 Runden)

Runde mit 1 Km beenden, Faden lang genug abschneiden.

SCHWÄNZCHEN (1× HÄKELN)

In Braun

1. Runde: 4 fm in Fadenring (4)
2.–11. Runde: 4 fm (10 Runden)

Runde mit 1 Km beenden, Faden lang genug abschneiden.

FERTIGSTELLUNG DES STIERS

Hinweis: Die Vorderseite der Mütze ist die, bei der der Abstand zwischen den Ohrenschützern 20 Maschen beträgt.

1. **Augen:** Die Augen werden auf der Mütze befestigt. Setze die Sicherheitsaugen auf Höhe der 8. Runde, vom Rand der Mütze gezählt, ein. Zwischen den Augen liegen etwa 6 Maschen.
2. **Schnauze & Nasenring:** Klappe die Schnauze nach oben und sticke auf Höhe der 2. Reihe zwei Kreuze in Braun als Nüstern auf. Der Nasenring liegt genau auf den beiden gestickten Nüstern. Ziehe das eine Ende der Luftmaschenkette durch das linke Nasenloch und das andere Ende auf der rechten Seite. Verknote die beiden Enden auf der Rückseite und schneide die Fäden ab. Anschließend nähst du die Schnauze an der Mütze fest.
3. **Hörner:** Stopfe die Hörner mit Füllwatte aus, bevor du sie annähst. Die Hörner liegen auf Höhe des Rundenanfangs des Kopfs. Zwischen den Hörnern liegen etwa 8 Maschen. Achte darauf, dass die Spitze des Horns jeweils nach innen zeigt.
4. **Ohren:** Drücke die Ohren platt und sticke auf einer Seite ein gefülltes Dreieck in Melba. Klappe eine Ecke jedes Ohrs leicht ein, bevor du es ebenfalls an der Mütze festnähst. Der Abstand der Ohren zu den Hörnern beträgt links und rechts etwa 1 Masche.
5. **Haare:** Zwischen den Hörnern bekommt der Stier noch ein paar Haare in Schwarz. Schneide dir einige Fäden mit ca. 6 cm Länge zurecht. Ziehe diese mit der Häkelnadel durch die Maschen zwischen den Hörnern und verknote die Enden. Wenn du alle Fäden eingefädelt hast, zwirble die einzelnen Stränge auseinander, so entsteht eine Lockenpracht. Kürze die Haare anschließend auf etwa 1,5 cm.
6. **Mütze:** Ziehe die Mütze nun über den Kopf. Sie liegt etwa 3 Runden oberhalb der Augen. Sollte die Mütze noch rutschen, kannst du diese einmal rundherum festnähen.
7. **Schwänzchen:** Nähe das Schwänzchen auf der Rückseite an den Körper. Das Schwänzchen liegt exakt zwischen beiden Beinen auf Höhe der Verbindung zum Körper. Nimm nun ein paar Fäden (ca. 5 cm) in Schwarz und ziehe diese durch das Ende des Schwänzchens und verknote sie dort. So hat das Schwänzchen noch einen kleinen Puschel.

Fertig ist dein Stier!

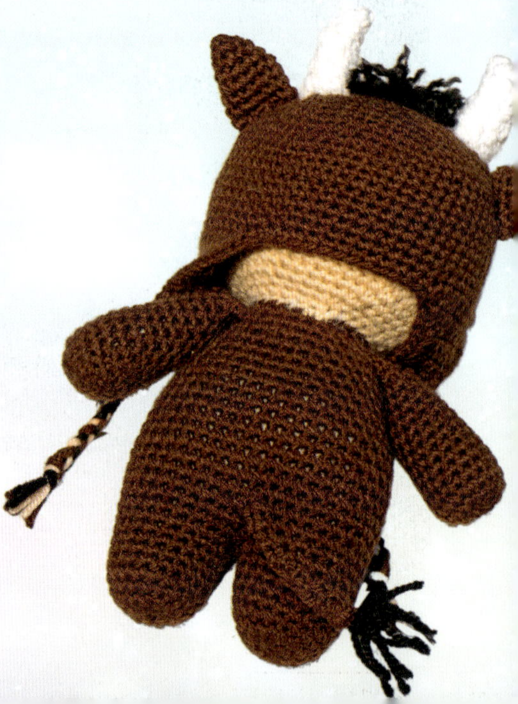

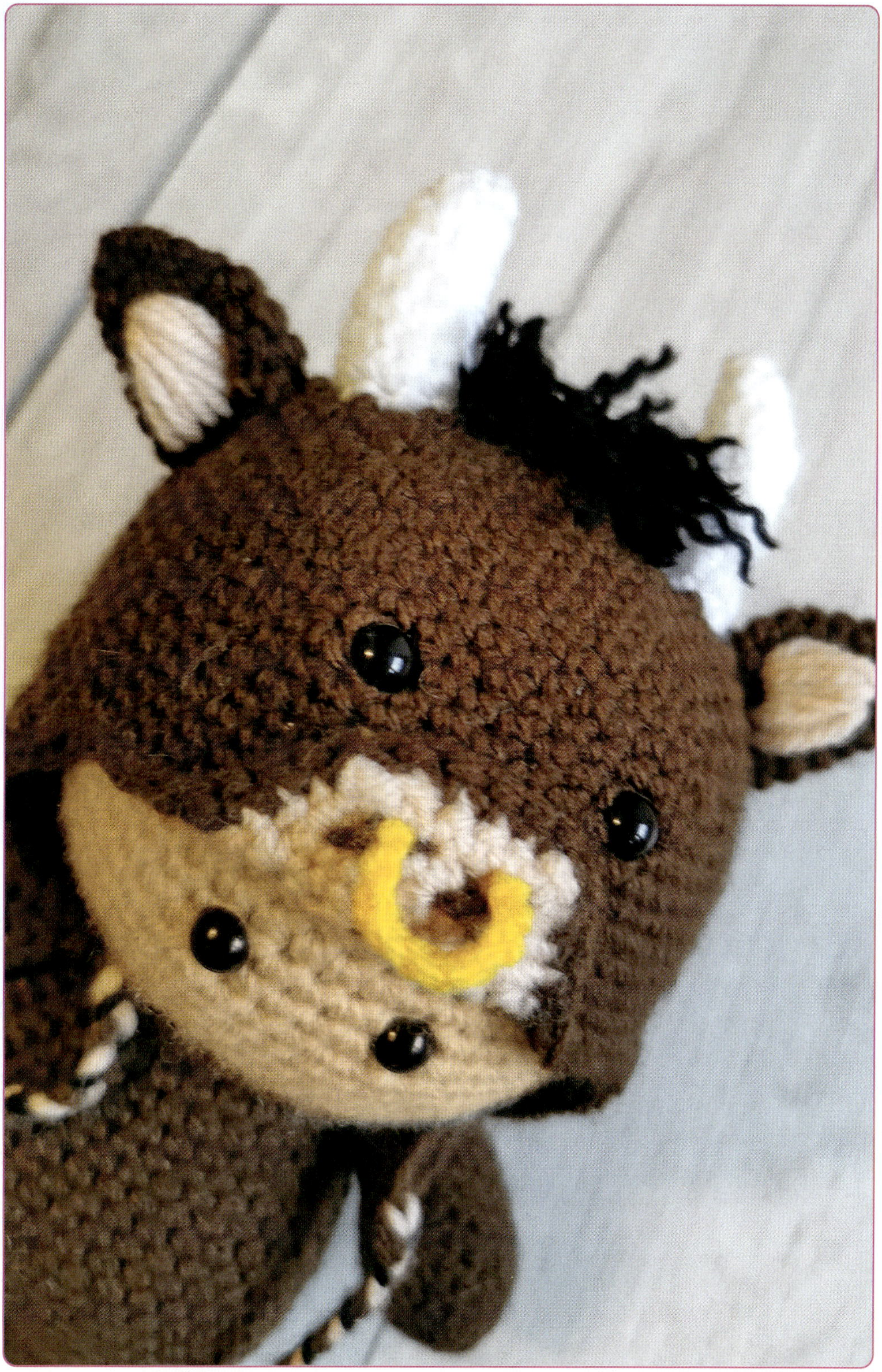

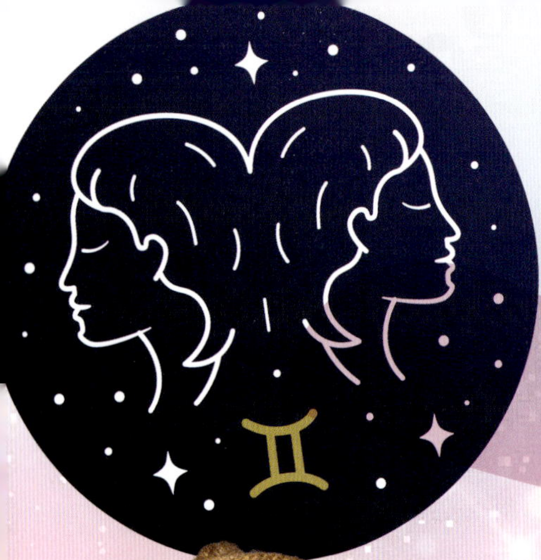

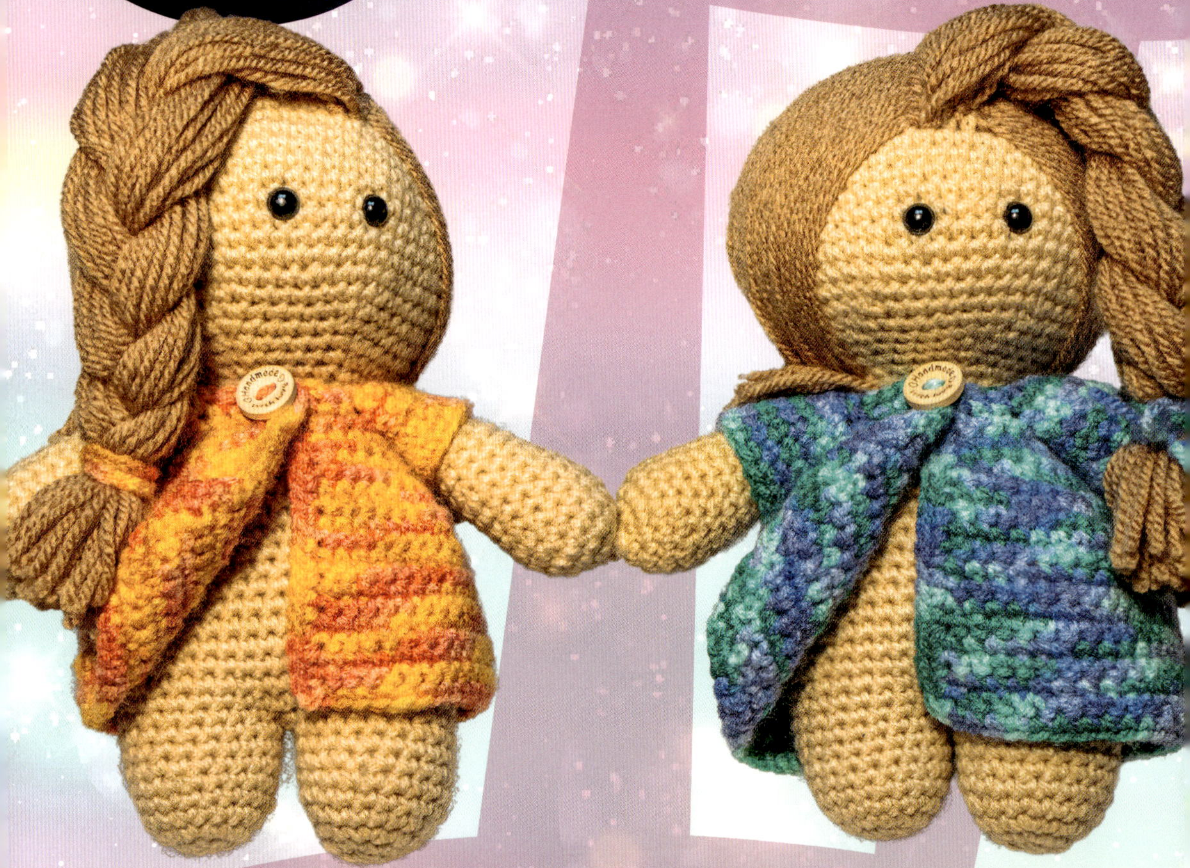

Zeitaufwand: ca. 10 Stunden
Größe: ca. 20 cm
Schwierigkeit: 1

ZWILLING
ELEMENT: LUFT

21. MAI – 21. JUNI

Zwillinge – aufgeweckte, neugierige Menschen. Sie sind vielseitig und kommunikativ. Bei Freund*innen sind sie gern gesehene Berater*innen, denn sie verstehen schnell Zusammenhänge und finden immer eine Lösung. Auch privat tüfteln Zwillinge gern an neuen Projekten und lieben die Herausforderung. Sie haben einen wahren Erfindergeist und sind in der Begeisterung darüber nicht zu bremsen. Kritik stößt dabei auf taube Ohren. Ein Aspekt, der vor allem in Beziehungen schwierig werden kann, denn Zwillinge wissen, dass sie klug sind. Daher wirken sie oft arrogant und haben Defizite im Einfühlungsvermögen. Vor Auseinandersetzungen schreckt ein Zwilling nicht zurück.

Das Motto der Zwillinge: Träume groß – handle groß!

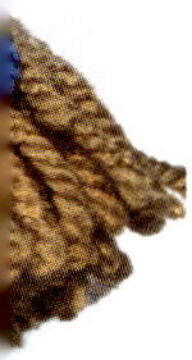

MATERIAL:

- Häkelnadel 3,5 mm
- Wolle: Schachenmayr Bravo (133 m/50 g)
  - 60 g Sand (08364)
  - 40 g Beige (08312)
- Wolle: Schachenmayr Bravo Color (133 m/50 g)
  - 20 g Sunshine color (02132)
  - 20 g Lagune color (02134)
- 2 Knöpfe holzfarben, ⌀ 15mm
- Vernähnadel
- Maschenmarkierer
- Schere

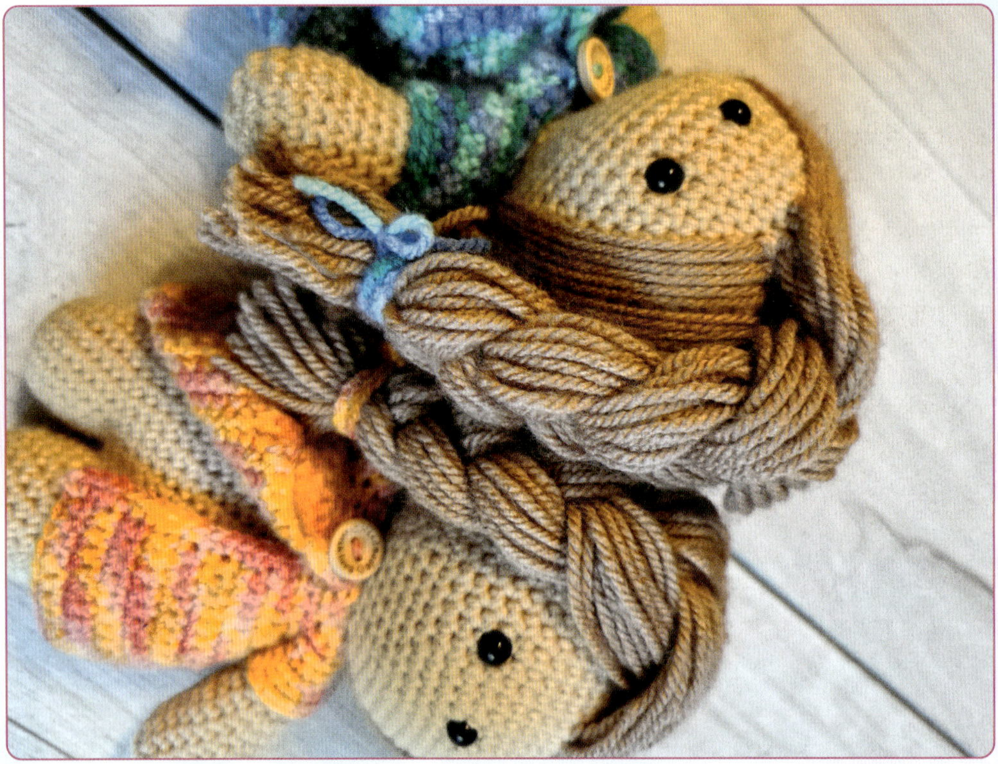

Die Zwillinge bestehen aus zwei identischen Amigurumis. Sie haben eine gespiegelte Haarpracht sowie unterschiedlich farbige Jacken. Beachte dazu im Folgenden die Hinweise zum Vorgehen.

BASIS-AMIGURUMI (2× HÄKELN)

Häkle die Basis-Amigurumi (Kopf, Arme, Beine & Körper) nach der Basisanleitung ab Seite 36.

Verwende für alle Körperteile die Farbe Sand (08364).

JACKE (2× HÄKELN)

1 × in Sunshine color, 1 × in Lagune color, in Reihen gehäkelt

1. Reihe: 33 Lm anschlagen
2. Reihe: 1 fm in die 2. Lm von der Nadel aus, 31 fm, wenden (32)
3. Reihe: 4 fm, 1 fm verd., 5 fm, 1 fm verd., 10 fm, 1 fm verd., 5 fm, 1 fm verd., 4 fm, wenden (36)
4. Reihe: 4 fm, 6 Lm, 8 fm auslassen, 12 fm, 6 Lm, 8 fm auslassen, 4 fm, wenden (32)
5. Reihe: 3 fm, 1 fm verd., 6 fm in die Lm der Vorrunde, 1 fm verd., 10 fm, 1 fm verd., 6 fm in die Lm der Vorrunde, 1 fm verd., 3 fm, wenden (36)
6. Reihe: 4 fm, 1 fm verd., 6 fm, 1 fm verd., 12 fm, 1 fm verd., 6 fm, 1 fm verd., 4 fm, wenden (40)
7. Reihe: 5 fm, 1 fm verd., 6 fm, 1 fm verd., 14 fm, 1 fm verd., 6 fm, 1 fm verd., 5 fm, wenden (44)
8. Reihe: 6 fm, 1 fm verd., 6 fm, 1 fm verd., 16 fm, 1 fm verd., 6 fm, 1 fm verd., 6 fm, wenden (48)
9. Reihe: 7 fm, 1 fm verd., 6 fm, 1 fm verd., 18 fm, 1 fm verd., 6 fm, 1 fm verd., 7 fm, wenden (52)
10. Reihe: 8 fm, 1 fm verd., 6 fm, 1 fm verd., 20 fm, 1 fm verd., 6 fm, 1 fm verd., 8 fm, wenden (56)
11.–21. Reihe: 56 fm, wenden (11 Reihen)

Reihe mit 1 Km beenden, Faden abschneiden und vernähen.

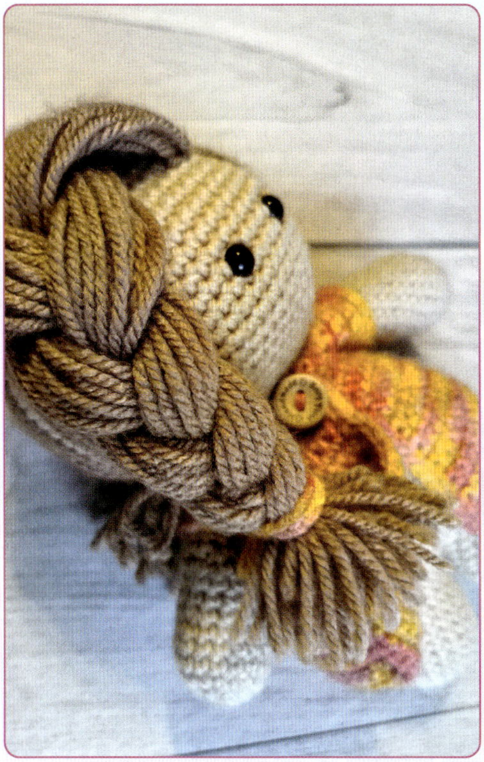

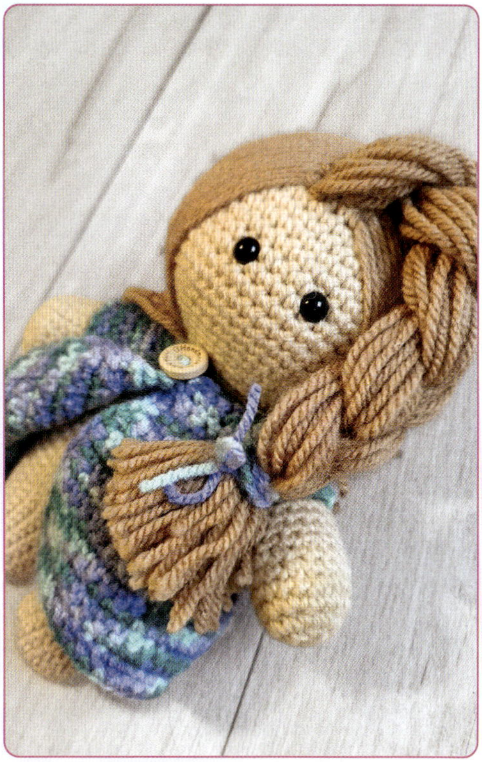

Schlinge nun an der rechten oberen Kante neu an. Umhäkle die Jacke nun einmal bis zur gegenüberliegenden oberen Kante mit festen Maschen. Der Halsausschnitt/Kragen wird nicht umhäkelt.

JACKEN ÄRMEL LINKS & RECHTS (JE 1× AN BEIDE JACKEN ANHÄKELN)

Jacke 1 in Sunshine color, Jacke 2 in Lagune color

Schlinge für die Arme an den Ausschnitten der Jacke neu an.

1. Runde: 15 fm, 1 Km in die erste Masche
2.–6. Runde: 15 fm (5 Runden)

Runde mit 1 Km beenden, Faden abschneiden und vernähen.

Wiederhole die Runden 1–6 auf der anderen Seite der Jacke und ebenfalls an der zweiten Jacke.

HAARGUMMI (2× HÄKELN)

1 × in Sunshine color, 1 × in Lagune color

1. Reihe: 20 Lm anschlagen

Reihe beenden und Faden abschneiden.

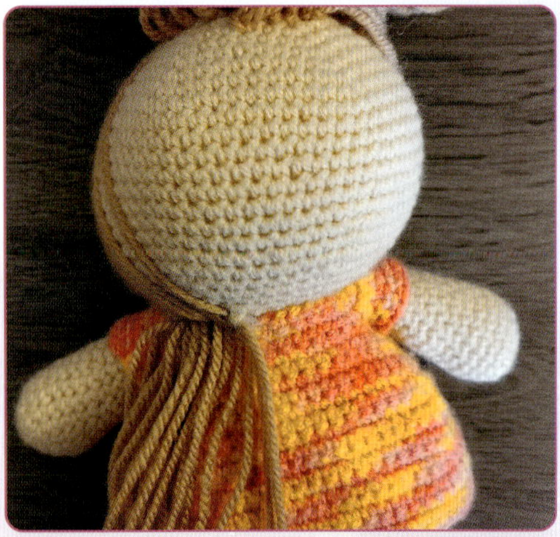
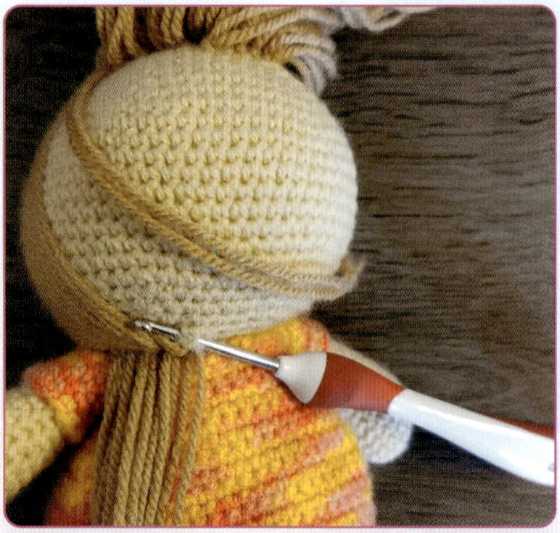
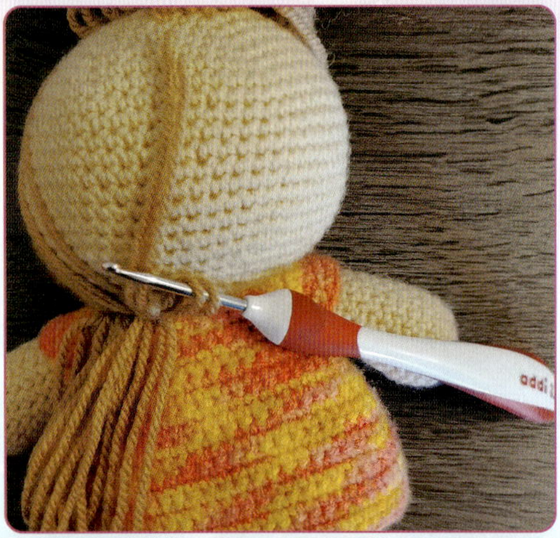
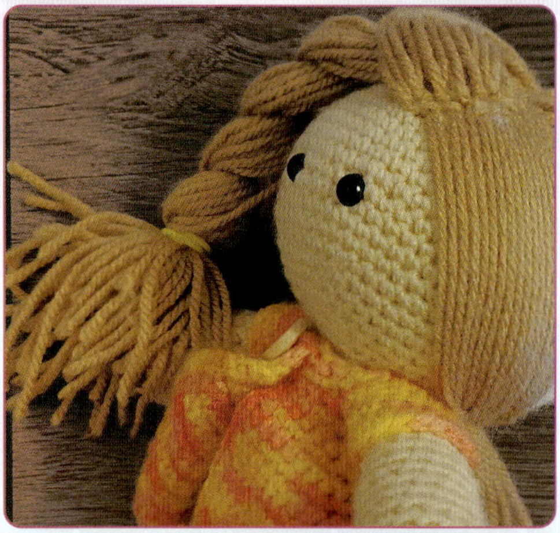
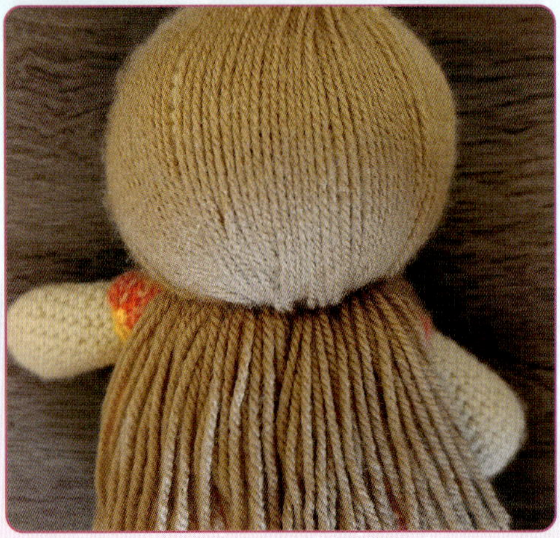
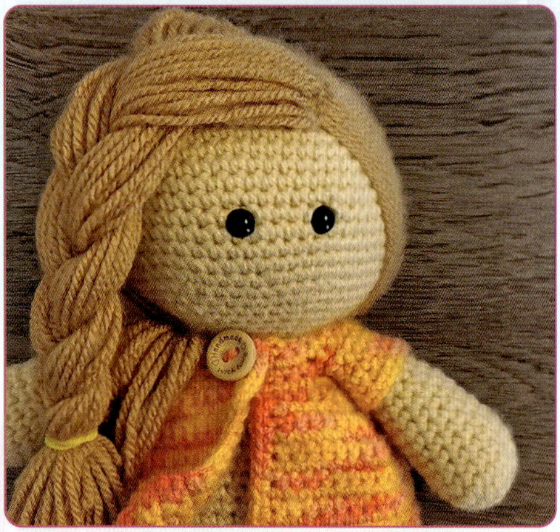

FERTIGSTELLUNG DES ZWILLINGS

1. **Jacke:** Ziehe den beiden Amigurumis die Jacken an. Lege die beiden Seiten der Jacke am Hals aufeinander. Nähe den Knopf mittig fest. Achte darauf, dass du den Knopf an beiden Jackenseiten annähst, damit die Jacke oben geschlossen bleibt.
2. **Haare:** Für die Haare beider Amigurumis benötigst du das Garn in Beige. Schneide etwa 100 Fäden mit einer Länge von ca. 45 cm ab. Pro Amigurumi benötigst du etwa 50 Fäden. Die Haare werden einzeln angeknüpft. Lege die einzelnen Fäden zur Hälfte zusammen. Stich in die Maschen des Kopfs ein und ziehe mit der Häkelnadel die Schlaufe des Fadens durch. Anschließend nimmst du die Fadenenden durch die Schlaufe und ziehst diese fest.
   Die Haare beginnen etwa 5 Runden über den Augen. Für die linke Amigurumi knüpfst du einen Scheitel rechts, für die rechte Amigurumi links. Der Scheitel ist 15 Maschen lang und besteht aus 2 Reihen, d.h. du knüpfst 15 Fäden hintereinander an und wenn die Fäden angeknüpft sind, flechte diese zu einem Zopf. Mit dem Haargummi bindest du die Haare unten zusammen. Anschließend kannst du die restlichen Haare unten gerade abschneiden.
   Die restlichen Fäden knüpfst du nun (1-reihig) rund um den Scheitel. Lege die einzelnen Fäden dann sauber nebeneinander, ziehe die Fäden unten am Hals (dort wo du Kopf und Körper zusammengenäht hast) durch. Dann lösen sich diese nicht. Anschließend schneidest du auch hier die überstehenden Fäden gerade ab.

3. **Verbindung Zwillinge:** Zuletzt verbindest du die beiden Amigurumis zu einem Zwillingspaar, indem du jeweils den rechten bzw. linken Arm der Amigurumis zusammennähst.

Fertig ist dein Zwilling!

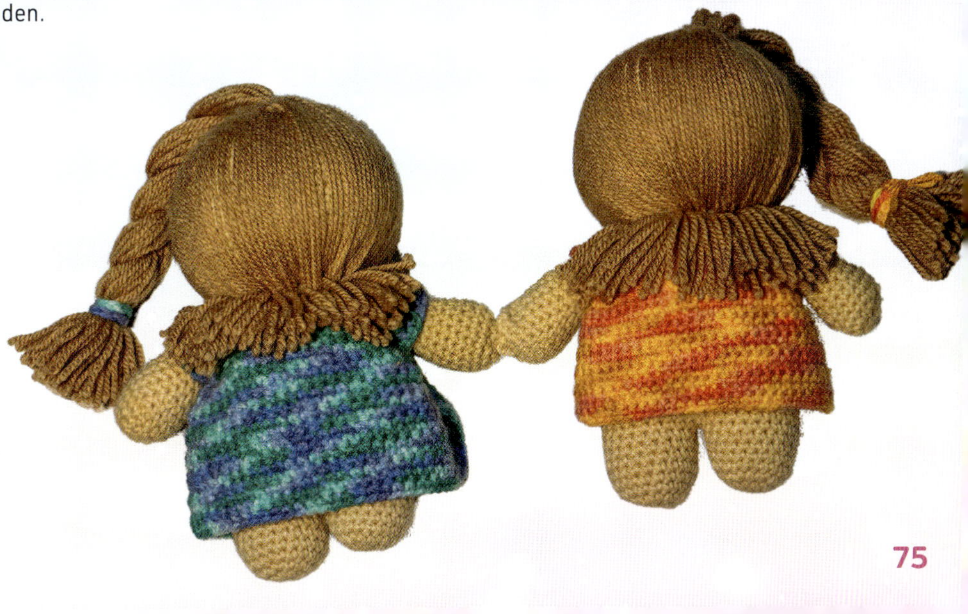

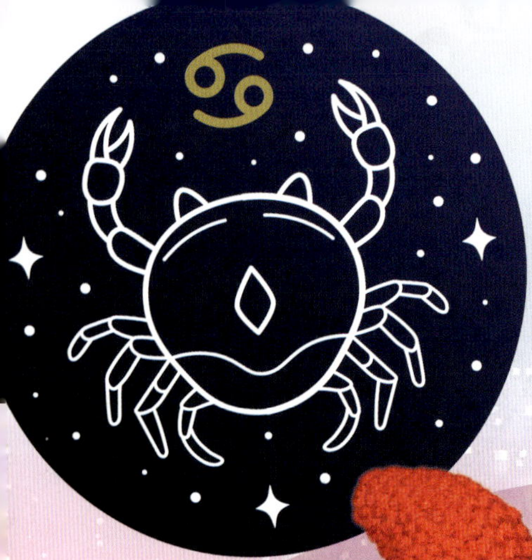

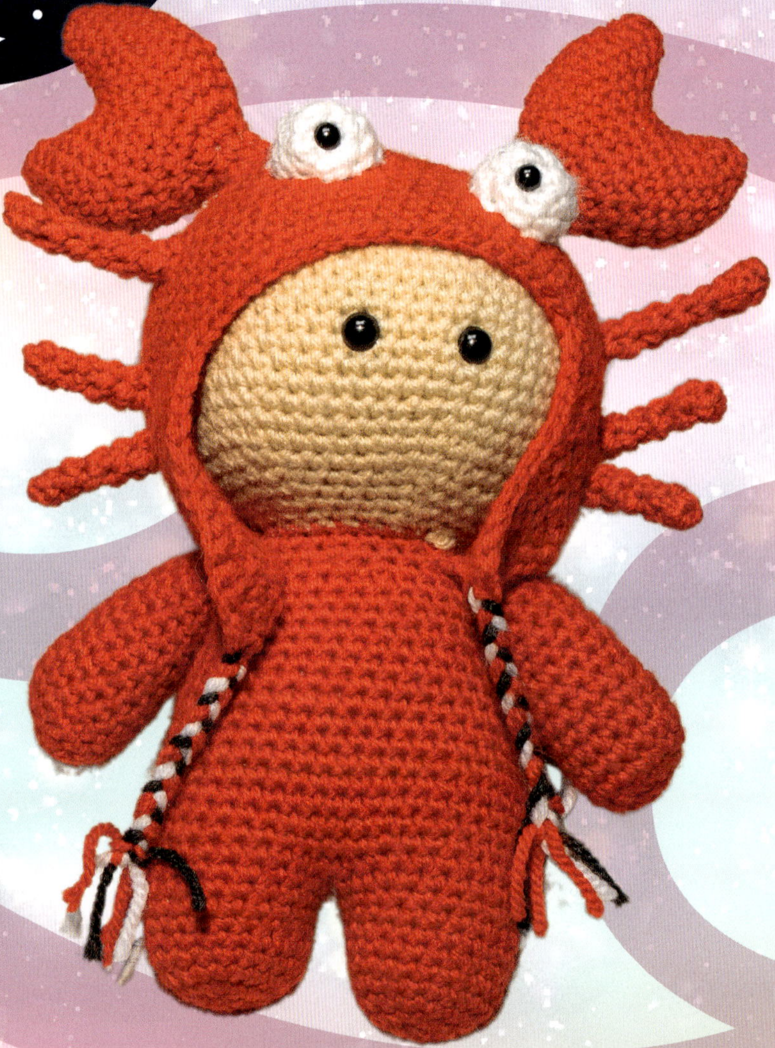

Zeitaufwand: ca. 3–4 Stunden
Größe: ca. 25 cm
Schwierigkeit: 1

KREBS
ELEMENT: WASSER

22. JUNI – 22. JULI

Krebse sind freundliche und fröhliche Gemüter und sie sind überaus sozial. Respekt und Fairness werden beim Krebs großgeschrieben. Intoleranz wird dagegen nicht akzeptiert. Stattdessen setzen sie sich für ihre Werte ein. Die Familie ist besonders wichtig für die sensiblen, feinfühligen Krebse. Die Sensibilität kann aber auch zu starken Launen und Schwankungen der Stimmung führen. Bereits kleine Auseinandersetzungen können den Krebs sehr verletzen. In Beziehungen brauchen sie viel Sicherheit und Geborgenheit. Sie sind romantisch, treu und leidenschaftlich. Beruflich sind für Krebse besonders soziale Berufe geeignet, da dem menschenbezogenen Krebs auch in der Arbeit das Miteinander besonders wichtig ist.

Das Motto der Krebse: Familie und soziale Kontakte sind zum Leben unerlässlich.

MATERIAL:

- Häkelnadel 3,5 mm
- Wolle: Schachenmayr Bravo (133 m/50 g)
  - 40 g Scarlet (08241)
  - 20 g Sand (08364)
  - 10 g Weiß (08224)
  - 5 g Schwarz (08226)
- Sicherheitsaugen (1 Paar): 6 mm
- Füllwatte
- Vernähnadel
- Maschenmarkierer
- Schere

BASIS-AMIGURUMI (1× HÄKELN)

Häkle die Basis-Amigurumi (Kopf, Arme, Beine & Körper) nach der Basisanleitung ab Seite 36.

Verwende für den Kopf die Farbe Sand (08364), für Arme, Beine und Körper verwende die Farbe Scarlet (08241).

MÜTZE (1× HÄKELN)

In Scarlet

1. Runde: 6 fm in Fadenring (6)
2. Runde: (1 fm verd.) × 6 (12)
3. Runde: (1 fm, 1 fm verd.) × 6 (18)
4. Runde: (2 fm, 1 fm verd.) × 6 (24)
5. Runde: (3 fm, 1 fm verd.) × 6 (30)
6. Runde: (4 fm, 1 fm verd.) × 6 (36)
7. Runde: (5 fm, 1 fm verd.) × 6 (42)
8. Runde: (6 fm, 1 fm verd.) × 6 (48)
9. Runde: (7 fm, 1 fm verd.) × 6 (54)
10. Runde: (8 fm, 1 fm verd.) × 6 (60)
11.–21. Runde: 60 fm (11 Runden)

Im Folgenden werden die Seiten (Ohrenschützer) an die Mütze gehäkelt. Dafür wird in Reihen weitergearbeitet.

1.–2. Reihe: 14 fm, wenden (2 Reihen)
3. Reihe: 1 fm auslassen, 11 fm, 1 fm abn., wenden (12)
4. Reihe: 1 fm auslassen, 9 fm, 1 fm abn., wenden (10)
5. Reihe: 1 fm auslassen, 7 fm, 1 fm abn., wenden (8)
6. Reihe: 1 fm auslassen, 5 fm, 1 fm abn., wenden (6)
7. Reihe: 6 fm, wenden (6)
8. Reihe: 1 fm auslassen, 5 fm, wenden (5)
9. Reihe: 1 fm auslassen, 4 fm, wenden (4)
10. Reihe: 4 fm, wenden (4)
11. Reihe: 1 fm auslassen, 3 fm, wenden (3)
12. Reihe: 1 fm auslassen, 2 fm, wenden (2)
13. Reihe: 1 fm auslassen, 1 fm, wenden (1)

Reihe mit 1 Km beenden, Faden etwa 15 cm lang abschneiden.

Zähle nun links von der eben gehäkelten Seite 20 Maschen. Schlinge in dieser Masche neu an. Wiederhole nun die Reihen 1–13.

Umhäkle anschließend die gesamte Mütze mit festen Maschen.

Zipfel für die Seiten: Schneide jeweils 2× 30 cm lange Fäden der Farben Rot, Weiß und Schwarz zu. Fädle nun jeweils einen Faden jeder Farbe an die linke und an die rechte Ohrseite. Fädle die Fäden genau an der Spitze ein, wo auch der Faden aus Runde 13 endete. Die Endfäden nach Runde 13 werden mit eingeflochten.

Flechte nun etwa 5 cm, verknote die Enden und schneide die restlichen Fäden mit ca. 1 cm Rest ab.

AUGEN (2× HÄKELN)

In Weiß

1. Runde: 6 fm in Fadenring (6)
2. Runde: (1 fm verd.) × 6 (12)
3. Runde: 12 fm
4. Runde: (4 fm, 1 fm abn.) × 2 (10)

Runde mit 1 Km beenden, Faden lang genug abschneiden.

BEINE LANG (2× HÄKELN)

In Scarlet

1. Runde: 4 fm in Fadenring (4)
2.–8. Runde: 4 fm (7 Runden)

Runde mit 1 Km beenden, Faden lang genug abschneiden.

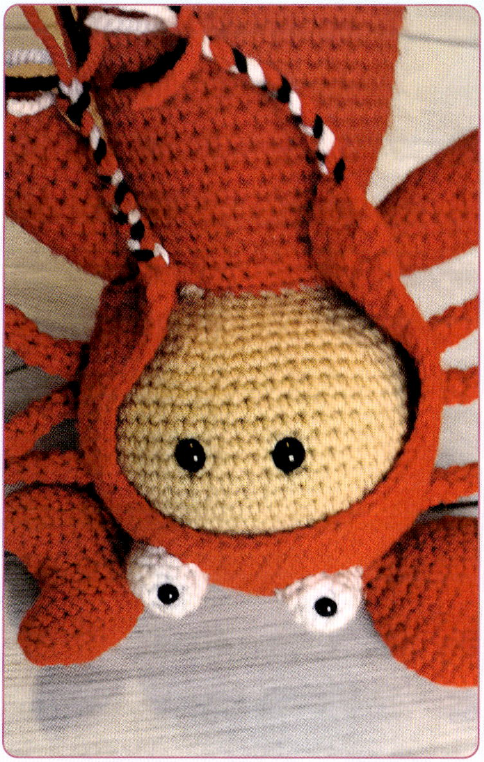

1. SCHERENTEIL

1. Runde: 6 fm in Fadenring (6)
2. Runde: 6 fm
3. Runde: (1 fm, 1 fm verd.) × 3 (9)
4. Runde: (2 fm, 1 fm verd.) × 3 (12)

Runde mit 1 Km beenden, Faden abschneiden und vernähen.

2. SCHERENTEIL

1. Runde: 6 fm in Fadenring (6)
2. Runde: 6 fm
3. Runde: (1 fm, 1 fm verd.) × 3 (9)
4. Runde: 9 fm
5. Runde: (2 fm, 1 fm verd.) × 3 (12)
6. Runde: 12 fm

Beende das zweite Scherenteil nicht und folge den Häkelanweisungen, um die beiden Teile zu verbinden.

BEINE KURZ (4× HÄKELN)

In Scarlet

1. Runde: 4 fm in Fadenring (4)
2.–6. Runde: 4 fm (5 Runden)

Runde mit 1 Km beenden, Faden lang genug abschneiden.

SCHEREN (2× HÄKELN)

In Scarlet

Die Scheren haben 2 Spitzen. Diese werden separat gehäkelt und dann verbunden. Häkle nun das erste Scherenteil und dann das zweite. Die Teile werden nach dem gleichen Prinzip wie die Beine der Amigurumi zusammengehäkelt.

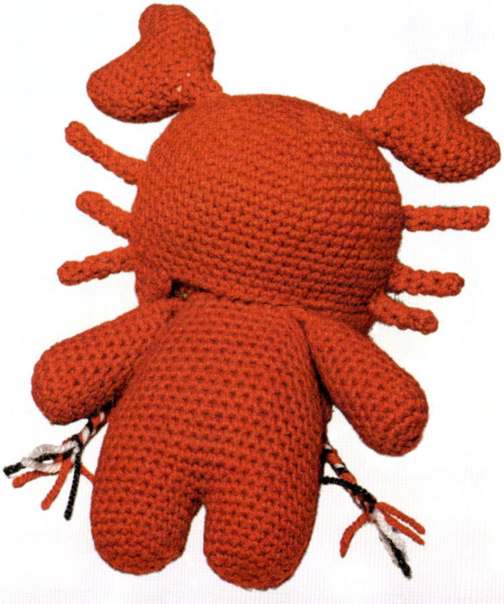

VERBINDUNG DER SCHERENTEILE

Weiter mit Scarlet

Verbindung von Scherenteil 1 und Scherenteil 2:

7. Runde: 12 fm um das erste Scherenteil (beginne in der 1. fm nach der Km), 12 fm um das zweite Scherenteil

Markiere dir die letzte Masche mit einem Maschenmarkierer als deinen neuen Rundenanfang.

SCHEREN

Weiter mit Scarlet

8.–10. Runde: 24 fm (3 Runden)
11. Runde: (2 fm, 1 fm abn.) × 6 (18)
12. Runde: 18 fm
13. Runde: (1 fm, 1 fm abn.) × 6 (12)

→ Beginne bereits hier, die Schere mit Füllwatte zu stopfen.

14. Runde: (1 fm abn.) × 6
15.–17. Runde: 6 fm (3 Runden)

Runde mit 1 Km beenden, Faden lang genug abschneiden.

FERTIGSTELLUNG DES KREBSES

Hinweis: Die Vorderseite der Mütze ist die, bei der der Abstand zwischen den Ohrenschützern 20 Maschen beträgt.

1. **Mütze:** Ziehe die Mütze nun über den Kopf. Sie liegt etwa 3–4 Runden oberhalb der Augen. Sollte die Mütze noch rutschen, kannst du diese einmal rundherum festnähen.
2. **Augen:** Setze die Sicherheitsaugen auf Höhe der 2. Runde ein. Zähle 5 Runden vom unteren Rand der Mütze nach oben, dort sitzen die Augen. Stopfe die Augen mit etwas Füllwatte und nähe diese an. Zwischen den Augen liegen 4 Maschen. Die schwarzen Pupillen zeigen nach vorne.
3. **Scheren:** Die Scheren liegen 3–4 Runden hinter den Augen und sind leicht nach links bzw. rechts versetzt neben den Augen. Zwischen den Scheren liegen ca. 12 Maschen. Die größere Scherenspitze zeigt nach oben.
4. **Beine:** Die Beine sind seitlich an der Mütze anzubringen. Pro Seite ein langes und zwei kurze Beine. Zuerst wird das lange Bein angenäht, etwa 5 Maschen unterhalb der Scheren. Mit ca. 4 Maschen Abstand wird darunter das erste kurze Bein angenäht. Eine weitere Masche darunter das zweite kurze Bein.

Fertig ist dein Krebs!

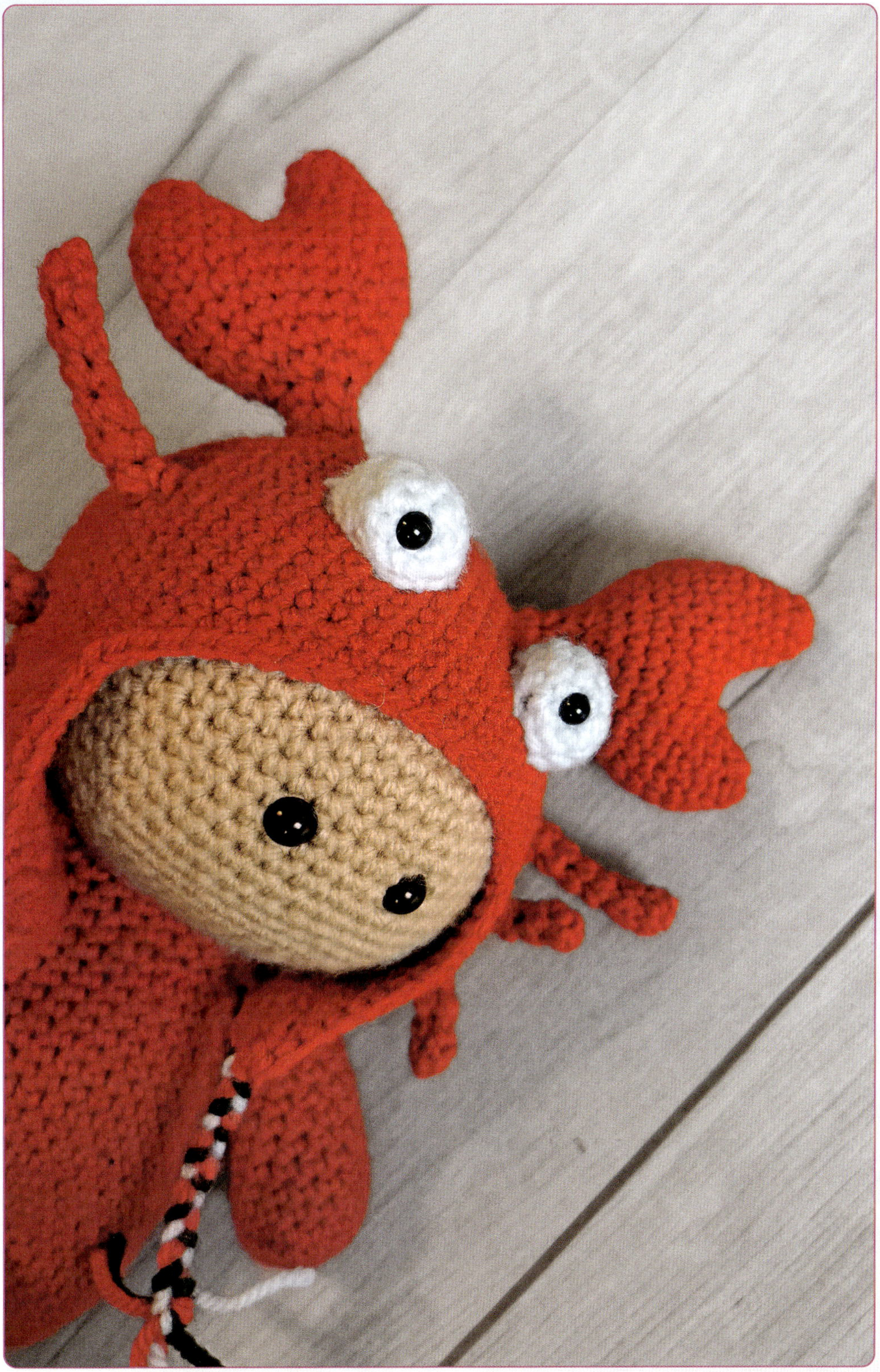

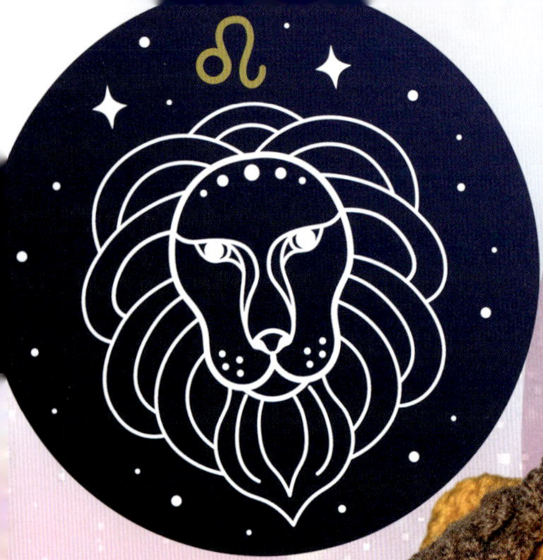

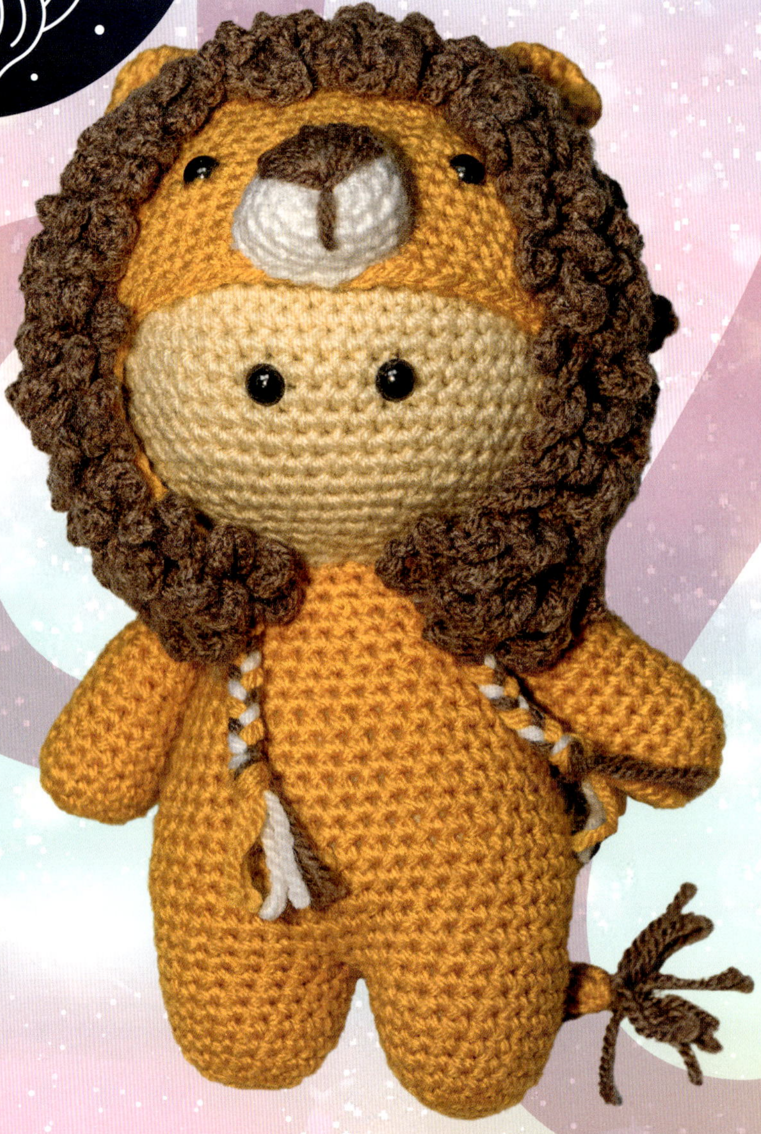

Zeitaufwand: ca. 10 Stunden
Größe: ca. 20 cm
Schwierigkeit: 2

LÖWE
ELEMENT: FEUER

23. JULI – 23. AUGUST

Der Löwe ist ein sehr selbstbewusstes Sternzeichen. Löwen lassen sich gerne bewundern und sind bereit, für ihre Bewunderung einiges zu geben. Sie fühlen sich zu interessanten Menschen hingezogen, ertragen es aber nicht sehr gut, wenn sie von diesen überstrahlt werden. Der Löwe möchte sein Ziel mit allen notwendigen Kräften erreichen und ist davon überzeugt, dass er die gesteckten Ziele erreicht. Schwächen gestehen Löwen sich gar nicht gern ein, obwohl sie dadurch nicht an Bewunderung verlieren würden. Löwen sind Einzelkämpfer*innen und schlagen sich durch, dabei nutzen sie ihre vorhandene Kreativität für unkonventionelle Wege.

Das Motto der Löwen: Mehr ist mehr!

MATERIAL:

- Häkelnadel 3,5 mm
- Wolle: Schachenmayr Bravo (133 m/50 g)
  - 40 g Goldmarie (08028)
  - 40 g Holz meliert (08197)
  - 10 g Sand (08364)
  - 5 g Weiß (08224)
- Sicherheitsaugen (1 Paar): 8 mm
- Füllwatte
- Vernähnadel
- Maschenmarkierer
- Schere

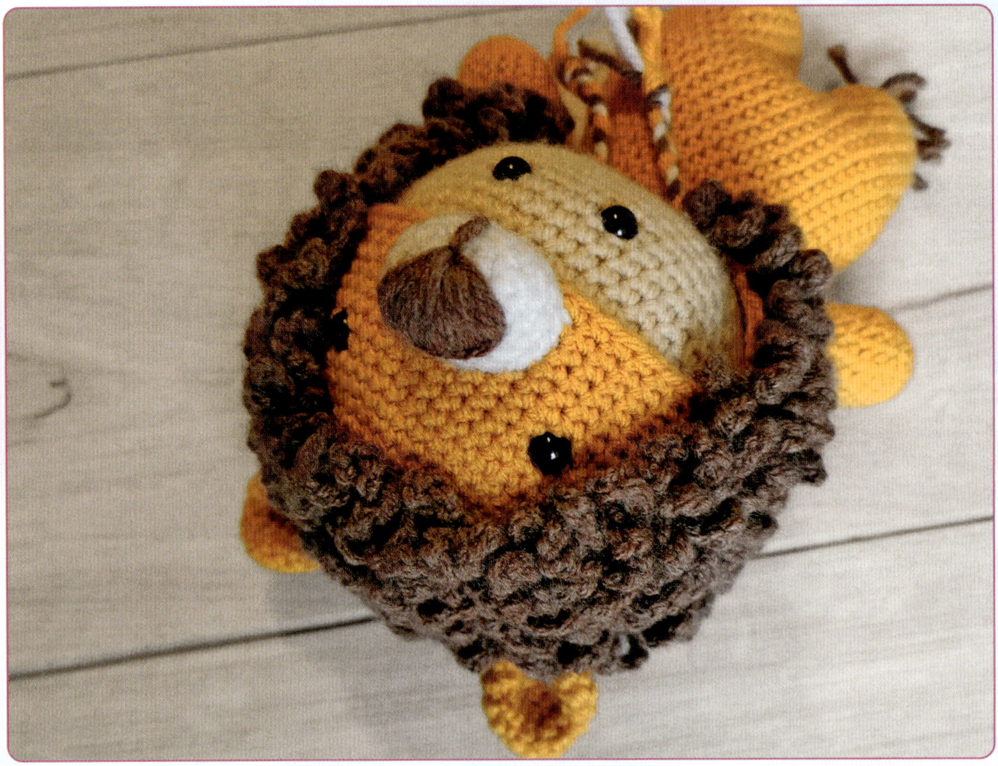

BASIS-AMIGURUMI (2× HÄKELN)

Häkle die Basis-Amigurumi (Kopf, Arme, Beine & Körper) nach der Basisanleitung ab Seite 36.

Verwende für den Kopf die Farbe Sand (08364), für die restlichen Körperteile verwende die Farbe Goldmarie (08028).

MÜTZE (1× HÄKELN)

In Goldmarie

1. Runde: 6 fm in Fadenring (6)
2. Runde: (1 fm verd.) × 6 (12)
3. Runde: (1 fm, 1 fm verd.) × 6 (18)
4. Runde: (2 fm, 1 fm verd.) × 6 (24)
5. Runde: (3 fm, 1 fm verd.) × 6 (30)
6. Runde: (4 fm, 1 fm verd.) × 6 (36)
7. Runde: (5 fm, 1 fm verd.) × 6 (42)
8. Runde: (6 fm, 1 fm verd.) × 6 (48)
9. Runde: (7 fm, 1 fm verd.) × 6 (54)
10. Runde: (8 fm, 1 fm verd.) × 6 (60)
11.–21. Runde: 60 fm (11 Runden)

Im Folgenden werden die Seiten (Ohrenschützer) an die Mütze gehäkelt. Dafür wird mit Reihen weitergearbeitet.

1.–2. Reihe: 14 fm, wenden (2 Reihen)
3. Reihe: 1 fm auslassen, 11 fm, 1 fm abn., wenden (12)
4. Reihe: 1 fm auslassen, 9 fm, 1 fm abn., wenden (10)
5. Reihe: 1 fm auslassen, 7 fm, 1 fm abn., wenden (8)
6. Reihe: 1 fm auslassen, 5 fm, 1 fm abn., wenden (6)
7. Reihe: 6 fm, wenden (6)
8. Reihe: 1 fm auslassen, 5 fm, wenden (5)
9. Reihe: 1 fm auslassen, 4 fm, wenden (4)
10. Reihe: 4 fm, wenden (4)
11. Reihe: 1 fm auslassen, 3 fm, wenden (3)
12. Reihe: 1 fm auslassen, 2 fm, wenden (2)
13. Reihe: 1 fm auslassen, 1 fm, wenden (1)

Reihe mit 1 Km beenden, Faden etwa 15 cm lang abschneiden.

Zähle nun links von der eben gehäkelten Seite 20 Maschen. Schlinge in dieser Masche neu an. Wiederhole nun die Reihen 1–13.

Umhäkle anschließend die gesamte Mütze mit festen Maschen.

Zipfel für die Seiten: Schneide jeweils 2× 30 cm lange Fäden der Farben Goldmarie, Weiß und Holz meliert zu. Fädle nun jeweils einen Faden jeder Farbe an die linke und an die rechte Seite des Ohrenschützers. Fädle die Faden genau an der Spitze ein, wo der Faden aus Runde 13 endet. Die Endfäden nach Runde 13 werden mit eingeflochten.

Flechte nun etwa 5 cm, verknote die Enden und schneide die restlichen Faden mit ca. 1 cm Rest ab.

OHREN (2× HÄKELN)

In Goldmarie

1. Runde: 6 fm in Fadenring (6)
2. Runde: (1 fm verd.) × 6 (12)
3. Runde: (1 fm, 1 fm verd.) × 6 (18)
4.–7. Runde: 18 fm (4 Runden)
8. Runde: (1 fm, 1 fm abn.) × 6 (12)
9. Runde: (1 fm abn.) × 6 (6)

Runde mit 1 Km beenden, Faden lang genug abschneiden.

SCHNAUZE (1× HÄKELN)

In Weiß

1. Runde: 6 fm in Fadenring (6)
2. Runde: (1 fm verd.) × 6 (12)
3. Runde: (3 fm, 1 fm verd.) × 6 (15)
4.–6. Runde: 15 fm (3 Runden)

Runde mit 1 Km beenden, Faden lang genug abschneiden.

SCHWÄNZCHEN (1× HÄKELN)

In Goldmarie

1. Runde: 4 fm in Fadenring (4)
2.–11. Runde: 4 fm (10 Runden)

Runde mit 1 Km beenden, Faden lang genug abschneiden.

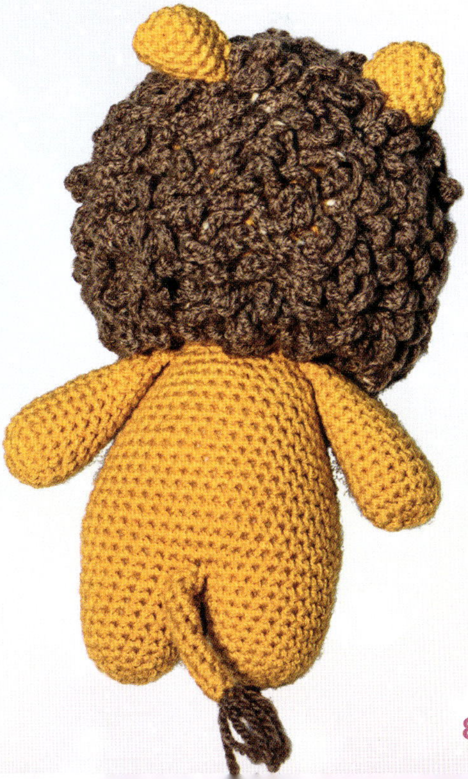

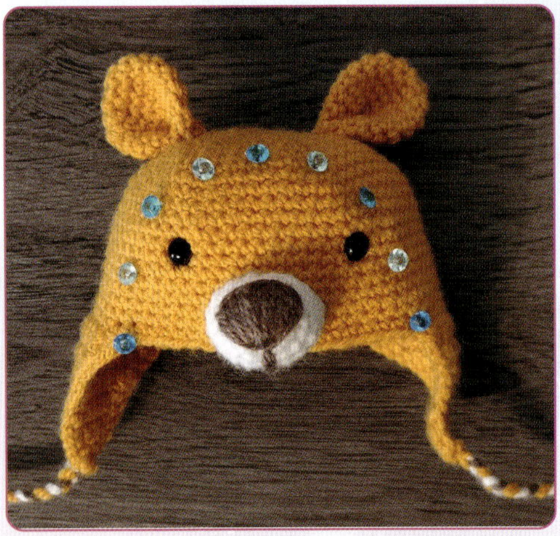

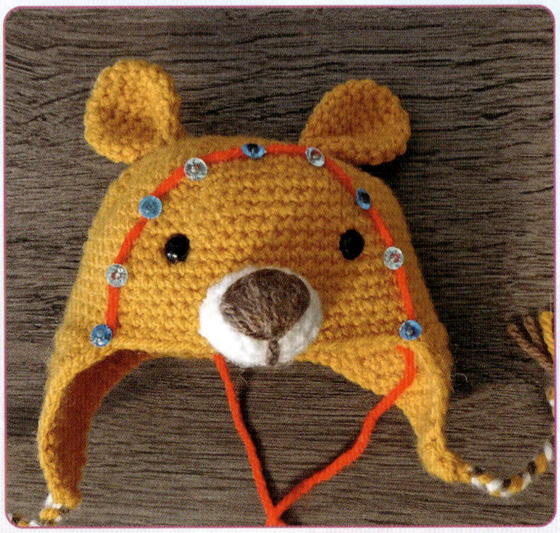

FERTIGSTELLUNG DES LÖWEN

Hinweis: Die Vorderseite der Mütze ist die, bei der der Abstand zwischen den Ohrenschützern 20 Maschen beträgt.

1. **Augen:** Die Augen werden auf der Mütze befestigt. Setze die Sicherheitsaugen auf Höhe der 7. Runde, vom Rand der Mütze gezählt, ein. Zwischen den Augen liegen etwa 10 Maschen.
2. **Ohren:** Die Ohren werden nicht gestopft. Nähe die Ohren auf Höhe des Rundenanfangs des Kopfes an. Sie liegen auf gleicher Linie wie die Augen.
3. **Schnauze:** Sticke in Holz meliert die Nase auf die Schnauze. Sticke ein Dreieck mit einem Strich an die in der Mitte liegende Spitze. Stopfe die Schnauze mit etwas Füllwatte und nähe diese mittig zwischen die beiden Augen. Der untere Rand der Schnauze liegt genau auf dem unteren Rand der Mütze.
4. **Mähne:** Die Mähne wird direkt in Holz meliert auf die Mütze gehäkelt. Stecke dir zuerst den Gesichtsbereich ab, da dieser nicht behäkelt wird. Die restliche Mütze sowie die Seitenteile bekommen eine Mähne.

   Die Mähne besteht aus Luftmaschenketten, die in Reihen von der linken zur rechten Seite der Mütze gehäkelt werden.

   Stich in eine Masche der Mütze ein und schlinge dort neu an. Häkle 8 Luftmaschen und anschließend 1 feste Masche in die nächste Masche der Mütze. Dieses Vorgehen (8 Lm, 1 fm) wiederholst du nun solange, bis die gesamte Mütze behäkelt ist.
5. **Mütze:** Ziehe die Mütze nun über den Kopf. Sie liegt etwa 3 Runden oberhalb der Augen. Sollte die Mütze noch rutschen, kannst du diese festnähen.
6. **Schwänzchen:** Nähe das Schwänzchen auf der Rückseite an den Körper. Das Schwänzchen liegt exakt zwischen beiden Beinen auf Höhe der Verbindung zum Körper. Nehme nun ein paar Fäden (ca. 5 cm) in Holz meliert. Ziehe diese durch das Ende des Schwänzchens und verknote sie dort. So hat das Schwänzchen noch einen kleinen Puschel.

Fertig ist dein Löwe!

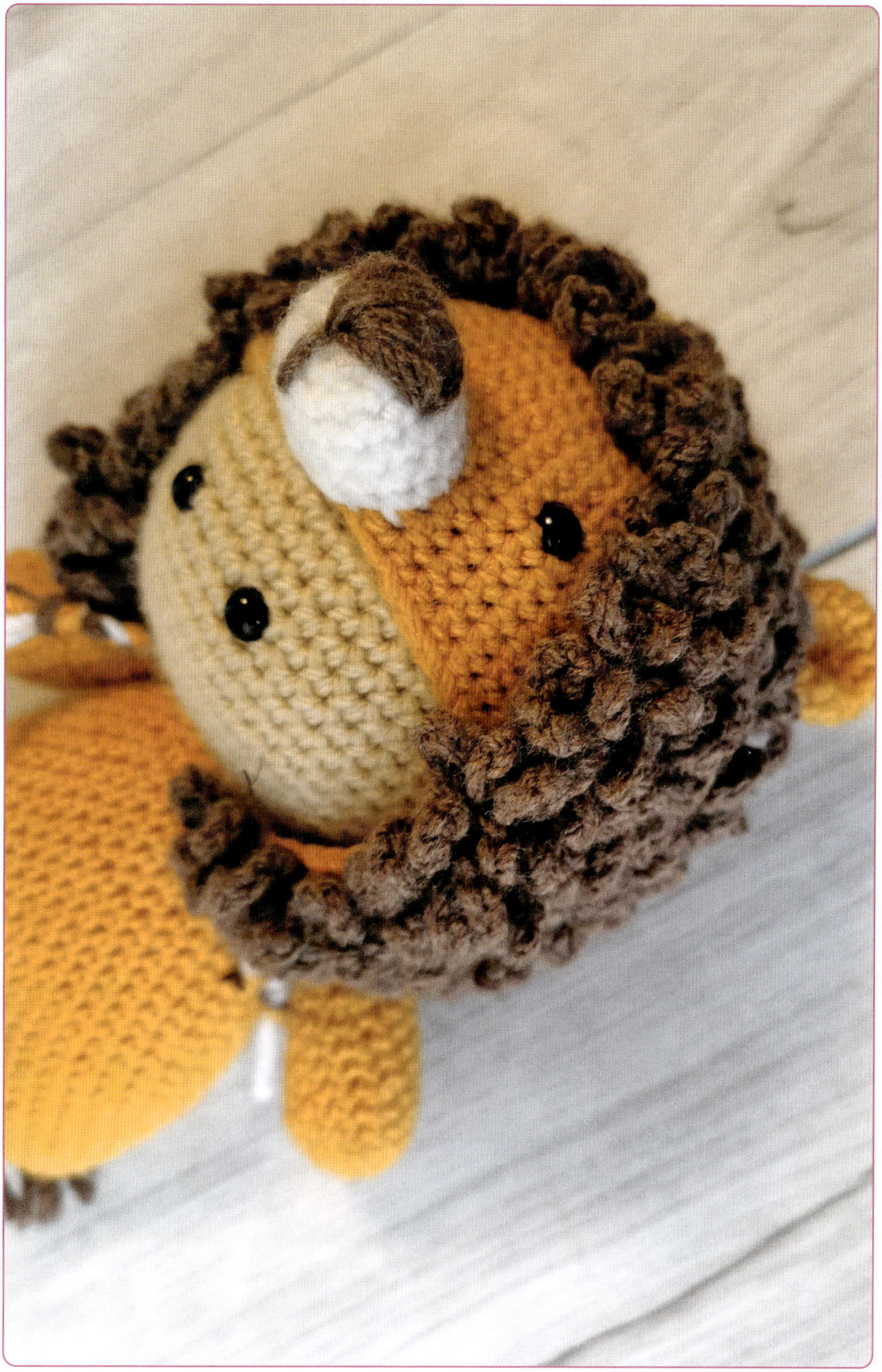

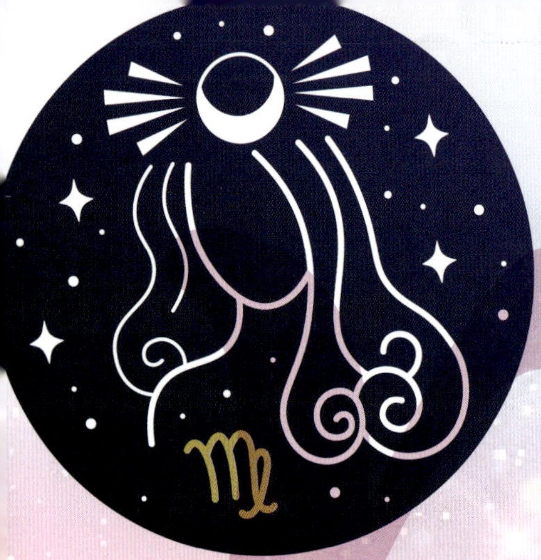

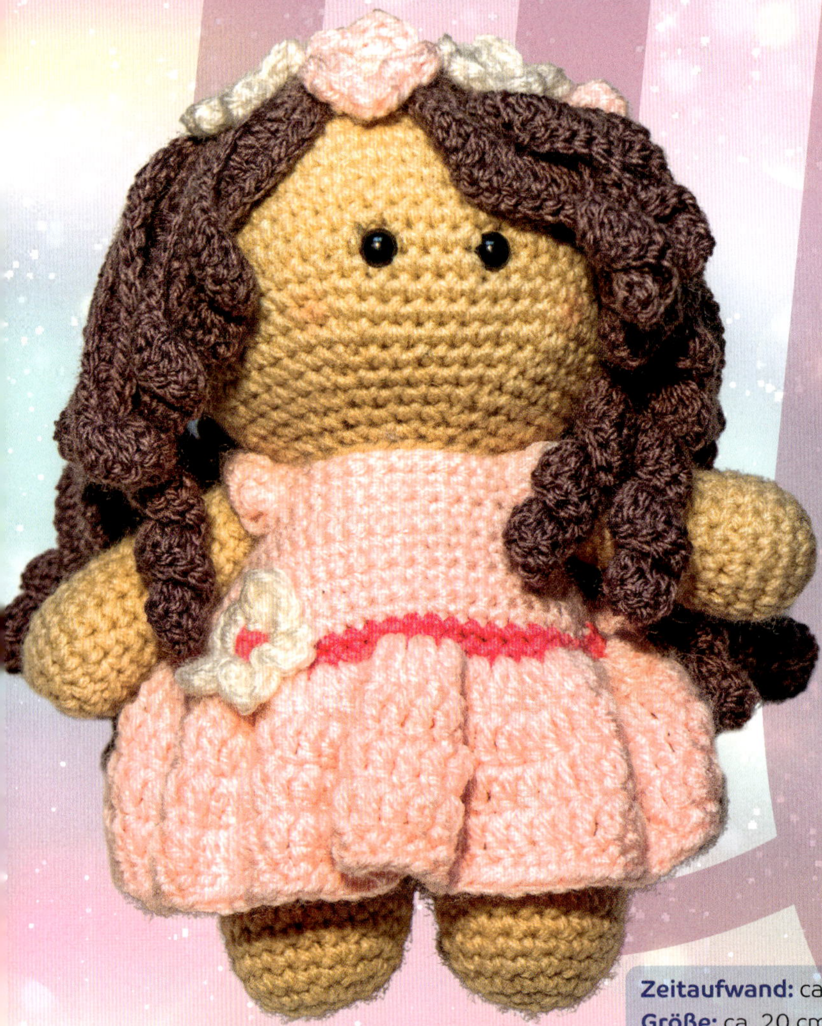

Zeitaufwand: ca. 4–5 Stunden
Größe: ca. 20 cm
Schwierigkeit: 2

JUNGFRAU
ELEMENT: ERDE

24. AUGUST – 23. SEPTEMBER

Die Jungfrau begleitet uns durch Sommer und Herbst. Sie ist wissbegierig und äußerst intelligent. Sie achtet auf Details, betrachtet Probleme aus verschiedenen Perspektiven und findet Lösungen. Sie strukturiert und liebt Ordnung, sodass Aufgaben zuverlässig erledigt werden können. Die Jungfrau möchte lieber auf alles vorbereitet sein anstatt mit Spontanität überfallen zu werden. Sie ist zwar sehr rational, aber dennoch fürsorglich. Auch wenn ihr die ganze Sache mit Emotionen und Gefühlen nicht immer ganz geheuer ist. Dadurch wirkt die Jungfrau oft kühl, manchmal auch misstrauisch. In einer Beziehung mit Partner*innen und Freund*innen ist sie dennoch absolut treu und loyal, auch wenn die Routinen und der Perfektionismus von Zeit zu Zeit für Schwierigkeiten sorgen.

Das Motto der Jungfrauen: Planung ist alles!

MATERIAL:

- Häkelnadel 3,5 mm
- Wolle: Schachenmayr Bravo (133 m/50 g)
  - 40 g Sand (08364)
  - 40 g Pflaume (08357)
  - 20 g Rosé (08206)
  - 10 g Weiß (08224)
  - 10 g Candy (08305)
- Vernähnadel
- Maschenmarkierer
- Schere

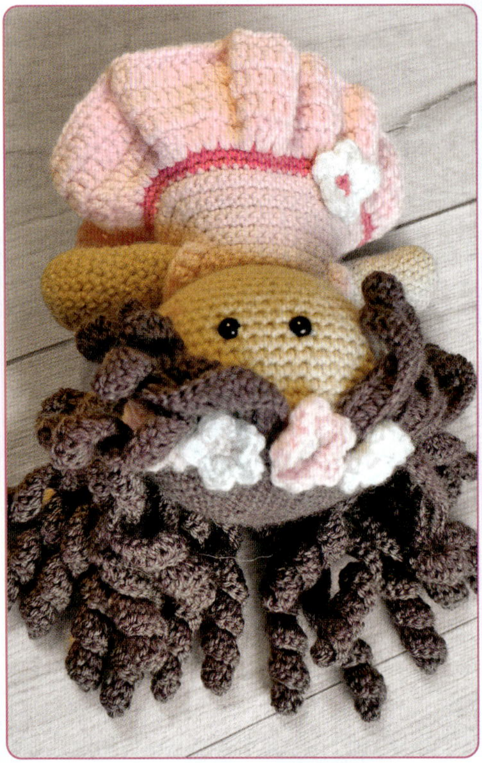

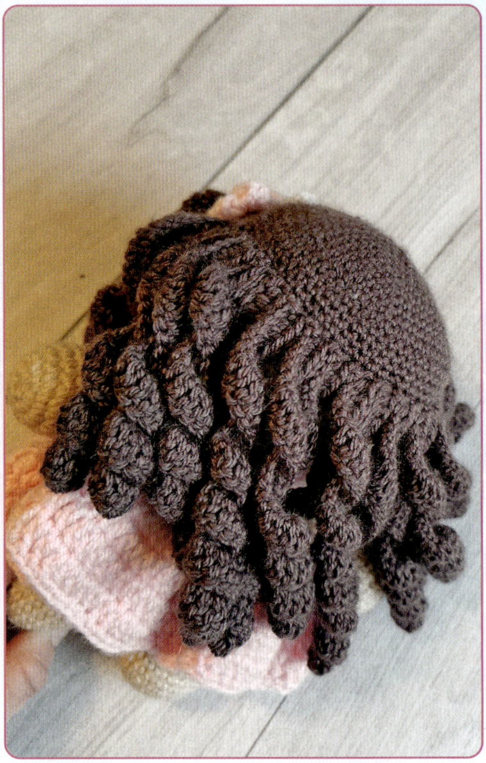

BASIS-AMIGURUMI (1× HÄKELN)

Häkle die Basis-Amigurumi (Kopf, Arme, Beine & Körper) nach der Basisanleitung ab Seite 36.

Verwende für alle Körperteile die Farbe Sand (08364).

KLEID (1× HÄKELN)

In Rosé, wird in Reihen von oben nach unten gehäkelt.

1. Reihe: 33 Lm anschlagen
2. Reihe: 1 fm in die 2. Lm von der Nadel aus, 31 fm, wenden (32)
3. Reihe: 4 fm, 1 fm verd., 5 fm, 1 fm verd., 10 fm, 1 fm verd., 5 fm, 1 fm verd., 4 fm, wenden (36)
4. Reihe: 4 fm, 6 Lm, 8 fm auslassen, 12 fm, 6 Lm, 8 fm auslassen, 4 fm, wenden (32)
5. Reihe: 3 fm, 1 fm verd., 6 fm in die Lm der Vorrunde, 1 fm verd., 10 fm, 1 fm verd., 6 fm in die Lm der Vorrunde, 1 fm verd., 3 fm, wenden (36)
6. Reihe: 4 fm, 1 fm verd., 6 fm, 1 fm verd., 12 fm, 1 fm verd., 6 fm, 1 fm verd., 4 fm, wenden (40)
7. Reihe: 5 fm, 1 fm verd., 6 fm, 1 fm verd., 14 fm, 1 fm verd., 6 fm, 1 fm verd., 5 fm, wenden (44)
8. Reihe: 6 fm, 1 fm verd., 6 fm, 1 fm verd., 16 fm, 1 fm verd., 6 fm, 1 fm verd., 6 fm, wenden (48)
9. Reihe: 7 fm, 1 fm verd., 6 fm, 1 fm verd., 18 fm, 1 fm verd., 6 fm, 1 fm verd., 7 fm, wenden (52)
10. Reihe: 8 fm, 1 fm verd., 6 fm, 1 fm verd., 20 fm, 1 fm verd., 6 fm, 1 fm verd., 8 fm, wenden (56)
11. Reihe: 9 fm, 1 fm verd., 6 fm, 1 fm verd., 22 fm, 1 fm verd., 6 fm, 1 fm verd., 9 fm, wenden (60)

Farbwechsel zu Candy.

Verbinde nun das Häkelstück mit einer Km in die erste Masche zu einem Kreis.

Im Nachfolgenden wird in Runden weiter gehäkelt.

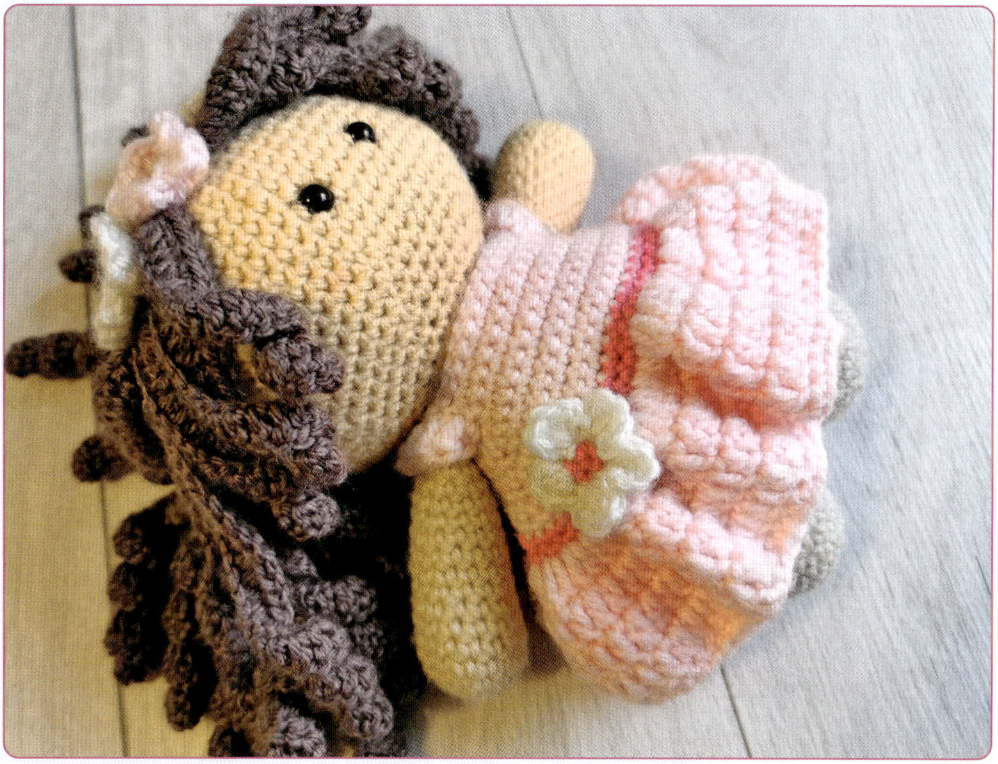

12.–13. Runde: 60 fm (2 Runden)

Farbwechsel zu Rosé.

14. Runde: 2 Lm, (1 Stb verd.) × 60 (120)
15.–17. Runde: 120 Stb (3 Runden)
18. Runde: 120 fm

Runde mit 1 Km beenden, Faden abschneiden und vernähen.

KLEID ÄRMEL LINKS & RECHTS (JE 1× HÄKELN)

In Rosé

Schlinge in der Masche auf Höhe der unteren Achseln des Kleides neu an.

Linker Ärmel: 2 Lm, 9 Stb, 1 hStb, 1 fm, 1 Km.

Faden abschneiden und vernähen.

Rechter Ärmel: 1 fm, 1 hStb, 9 Stb, 1 Km.

Faden abschneiden und vernähen.

HAARE (1× HÄKELN)

In Pflaume

1. Runde: 6 fm in Fadenring (6)
2. Runde: (1 fm verd.) × 6 (12)
3. Runde: (1 fm, 1 fm verd.) × 6 (18)
4. Runde: (2 fm, 1 fm verd.) × 6 (24)
5. Runde: (3 fm, 1 fm verd.) × 6 (30)
6. Runde: (4 fm, 1 fm verd.) × 6 (36)
7. Runde: (5 fm, 1 fm verd.) × 6 (42)
8. Runde: (6 fm, 1 fm verd.) × 6 (48)
9. Runde: (7 fm, 1 fm verd.) × 6 (54)
10. Runde: (8 fm, 1 fm verd.) × 6 (60)
11.–15. Runde: 60 fm (5 Runden)

In der nachfolgenden Runde 16 werden die einzelnen Haarsträhnen gehäkelt.

16. Runde: (1 fm, 32 Lm, 2 Stb in die 3. Lm von der Nadel aus, (1 Stb verd.) × 9, 20 Stb, 1 Km in die nächste Masche) × 6,

(1 fm, 37 Lm, 2 Stb in die 3. Lm von der Nadel aus, (1 Stb verd.) × 14, 20 Stb, 1 Km in die nächste Masche) × 8,
(1 fm, 32 Lm, 2 Stb in die 3. Lm von der Nadel aus, (1 Stb verd.) × 9, 20 Stb, 1 Km in die nächste Masche) × 6,
(1 fm, 22 Lm, 2 Stb in die 3. Lm von der Nadel aus, (1 Stb verd.) × 4, 15 Stb, 1 Km in die nächste Masche) × 4, 2 fm,
(1 fm, 22 Lm, 2 Stb in die 3. Lm von der Nadel aus, (1 Stb verd.) × 4, 15 Stb, 1 Km in die nächste Masche) × 4

Runde mit 1 Km beenden, Faden lang genug abschneiden.

BLÜMCHEN (5× HÄKELN)

In Rosé, Weiß, Candy

Die im Buch abgebildete Jungfrau trägt folgende Blümchen:

2× innen Rosé, außen Weiß; 2× innen Weiß, außen Rosé; 1× innen Candy, außen Weiß.

Du kannst die Blümchen natürlich auch in jeder anderen Farbkombination häkeln, die dir gefällt.

Hinweis: Bei der in Klammer geschriebenen Häkelanweisung werden alle Maschen in 1 Masche gehäkelt.

1. Runde: 5 fm in Fadenring (6)

Farbwechsel.

2. Runde: 1 Lm, (1 hStb, 2 Stb, 1 hStb, 1Km) × 5

Runde mit 1 Km beenden, Faden lang genug abschneiden.

FERTIGSTELLUNG DER JUNGFRAU

1. **Haare:** Nähe nun die Haarpracht auf deine Amigurumi. Der Scheitel, also dort wo du 2 fm gehäkelt hast, liegt seitlich links versetzt. Der Haaransatz (also das Ende des Kreises, nicht die Strähnen) beginnt etwa 6 Runden oberhalb der Augen. Nähe nun einmal rundherum auf Höhe des Kreises, bevor die Strähnen beginnen, die Haarpracht fest.
2. **Kleid:** Ziehe deiner Amigurumi nun das Kleid an. Der offene Rücken liegt auf der Rückseite. Nähe die Öffnung, nachdem du das Kleid angezogen hast, zu.
3. **Blümchen:** Nähe 4 Blümchen auf die Haarpracht. Etwa auf der Höhe, auf der die Strähnen beginnen. Das 5. Blümchen nähst du auf der linken Seite an das Kleid. Achte darauf, dass es etwa auf Höhe des Farbwechsels liegt.
4. **Gesicht:** Tupfe ein Wattestäbchen in etwas Rouge und schminke deiner Jungfrau noch Bäckchen. Etwa 1–2 Runden unterhalb der Augen und jeweils etwa 2 Maschen links bzw. rechts von den Augen.

Fertig ist deine Jungfrau!

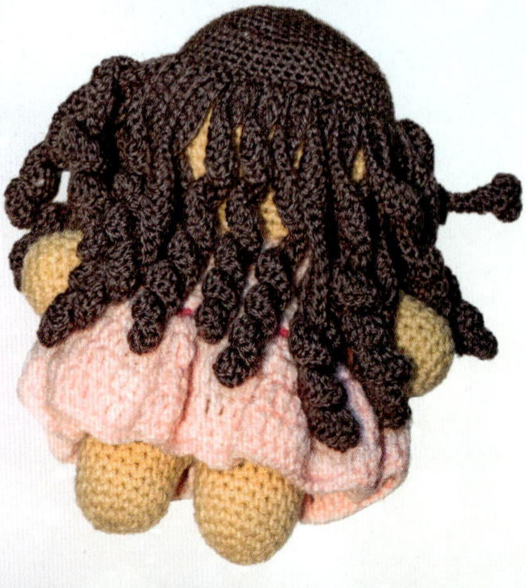

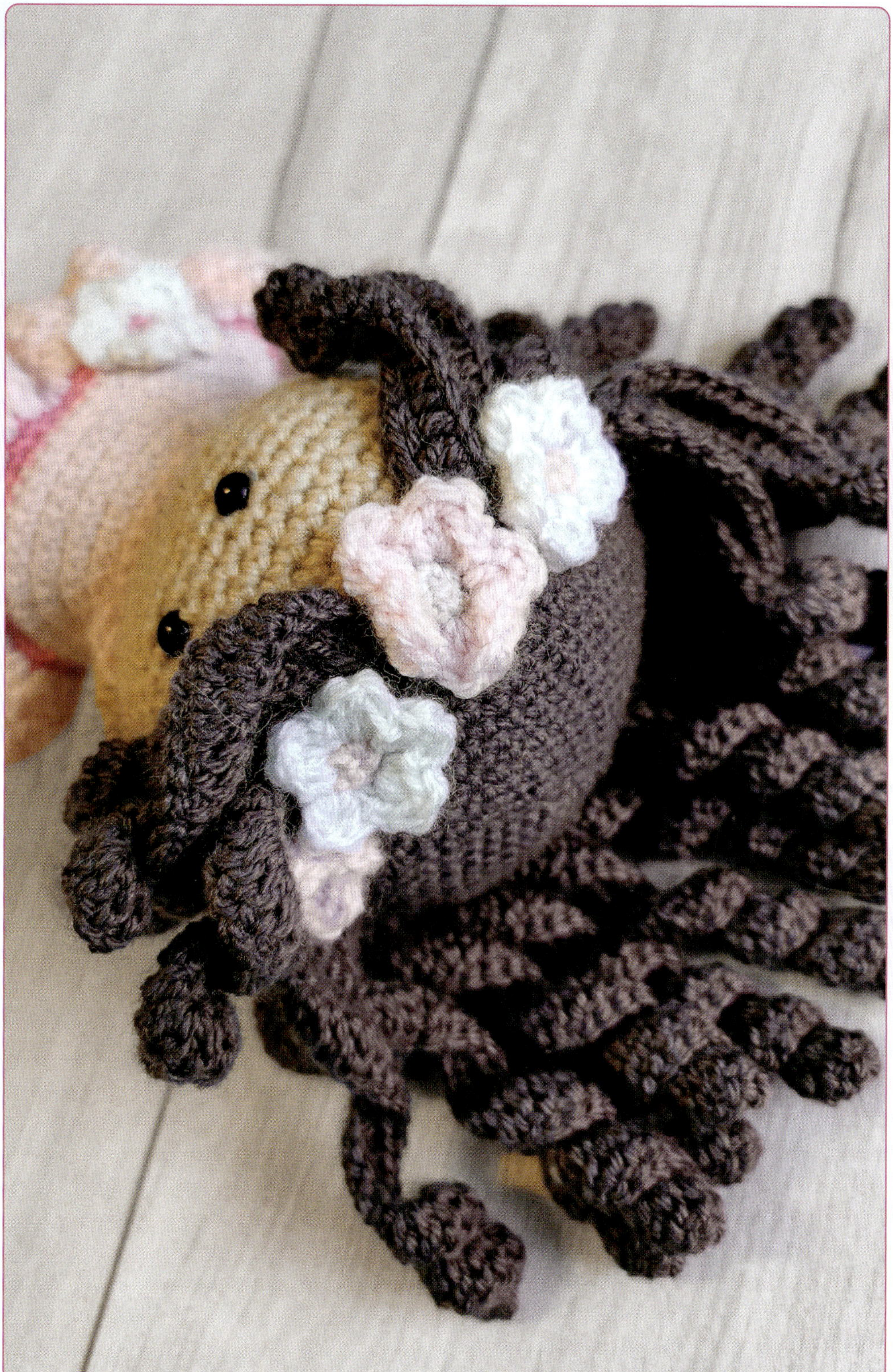

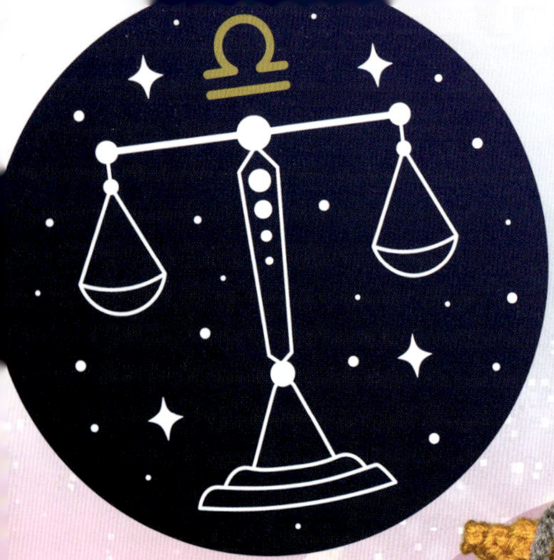

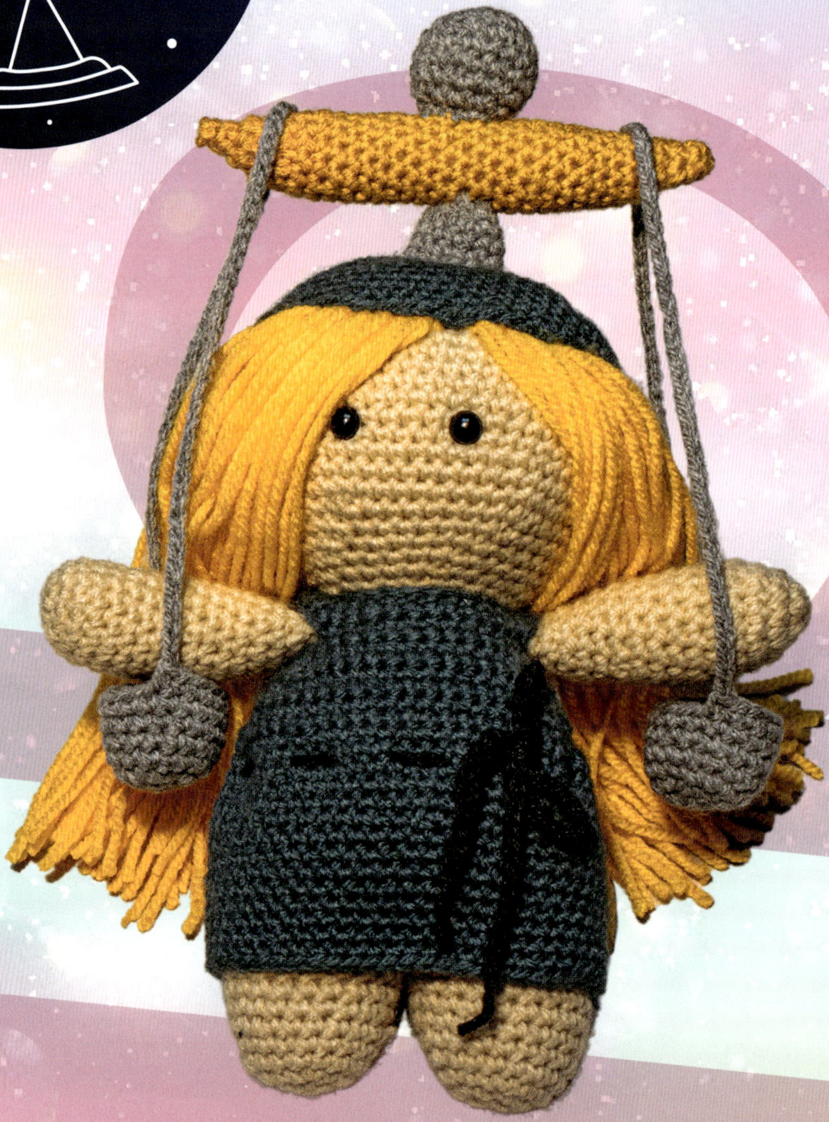

Zeitaufwand: ca. 5–6 Stunden
Größe: ca. 25 cm
Schwierigkeit: 2

WAAGE
ELEMENT: LUFT

24. SEPTEMBER – 23. OKTOBER

Die Waage ist ein ausgeglichenes, harmoniebedürftiges und diplomatisches Sternzeichen. Mit diesen Eigenschaften strebt sie nach Harmonie statt Streit. Sie versucht in allem stets das Positive zu sehen und sucht nach den schönen Dingen im Leben. Wenn doch etwas aus dem Gleichgewicht gerät, ist die Waage nicht mehr allzu gelassen. Ihre Gefühle behält sie aber dennoch lieber für sich. Dies kann sie jedoch auch hin und wieder in Schwierigkeiten bringen. Um die Harmonie nicht zu gefährden, versucht sie klare Entscheidungen zu umgehen, wodurch sie selbst auch mal etwas übergestülpt bekommt, was ihr nicht gefällt. Sie nimmt es aber dennoch so hin. Kreativität und Ästhetik sind der Waage besonders wichtig, denn sie machen die schönen Dinge noch bunter!

Das Motto der Waagen: Das Leben ist schön!

MATERIAL:

- Häkelnadel 3,5 mm
- Wolle: Schachenmayr Bravo (133 m/50 g)
  - 40 g Sand (08364)
  - 30 g Gelb (08210)
  - 20 g Teal (08068)
  - 10 g Hellgrau meliert (08295)
  - 10 g Goldmarie (08028)
  - 5 g Anthrazit meliert (08370)
- Ca. 12 cm Draht (⌀ 2 mm)
- Füllwatte
- Vernähnadel
- Maschenmarkierer
- Schere

BASIS-AMIGURUMI (1× HÄKELN)

Häkle die Basis-Amigurumi (Kopf, Arme, Beine & Körper) nach der Basisanleitung ab Seite 36.

Verwende für alle Körperteile die Farbe Sand (08364).

KLEID (1× HÄKELN)

In Teal, in Reihen gehäkelt

1. Reihe: 33 Lm anschlagen
2. Reihe: 1 fm in die 2. Lm von der Nadel aus, 31 fm, wenden (32)
3. Reihe: 4 fm, 1 fm verd., 5 fm, 1 fm verd., 10 fm, 1 fm verd., 5 fm, 1 fm verd., 4 fm, wenden (36)
4. Reihe: 4 fm, 6 Lm, 8 fm auslassen, 12 fm, 6 Lm, 8 fm auslassen, 4 fm, wenden (32)
5. Reihe: 3 fm, 1 fm verd., 6 fm in die Lm der Vorrunde, 1 fm verd., 10 fm, 1 fm verd., 6 fm in die Lm der Vorrunde, 1 fm verd., 3 fm, wenden (36)
6. Reihe: 4 fm, 1 fm verd., 6 fm, 1 fm verd., 12 fm, 1 fm verd., 6 fm, 1 fm verd., 4 fm, wenden (40)
7. Reihe: 5 fm, 1 fm verd., 6 fm, 1 fm verd., 14 fm, 1 fm verd., 6 fm, 1 fm verd., 5 fm, wenden (44)
8. Reihe: 6 fm, 1 fm verd., 6 fm, 1 fm verd., 16 fm, 1 fm verd., 6 fm, 1 fm verd., 6 fm, wenden (48)
9. Reihe: 7 fm, 1 fm verd., 6 fm, 1 fm verd., 18 fm, 1 fm verd., 6 fm, 1 fm verd., 7 fm, wenden (52)
10. Reihe: 8 fm, 1 fm verd., 6 fm, 1 fm verd., 20 fm, 1 fm verd., 6 fm, 1 fm verd., 8 fm, wenden (56)
11. Reihe: 9 fm, 1 fm verd., 6 fm, 1 fm verd., 22 fm, 1 fm verd., 6 fm, 1 fm verd., 9 fm, wenden (60)

Verbinde nun das Häkelstück mit einer Km in die erste Masche zu einem Kreis.

Im Nachfolgenden wird in Runden weiter gehäkelt.

12.–15. Runde: 60 fm (4 Runden)
16. Runde: (8 fm, 1 fm abn.) × 6 (54)
17.–24. Runde: 54 fm (8 Runden)

Runde mit 1 Km beenden, Faden abschneiden und vernähen.

KLEID-KORDEL (1× HÄKELN)

In Anthrazit meliert

1. Reihe: 100 Lm

Beenden und Faden mit etwa 2–3 cm abschneiden. Kürze den Anfangsfaden ebenfalls auf 2–3 cm.

MÜTZE (1× HÄKELN)

In Teal

1. Runde: 6 fm in Fadenring (6)
2. Runde: (1 fm verd.) × 6 (12)
3. Runde: (1 fm, 1 fm verd.) × 6 (18)
4. Runde: (2 fm, 1 fm verd.) × 6 (24)
5. Runde: (3 fm, 1 fm verd.) × 6 (30)
6. Runde: (4 fm, 1 fm verd.) × 6 (36)
7. Runde: (5 fm, 1 fm verd.) × 6 (42)
8. Runde: (6 fm, 1 fm verd.) × 6 (48)
9. Runde: (7 fm, 1 fm verd.) × 6 (54)
10. Runde: (8 fm, 1 fm verd.) × 6 (60)
11.–15. Runde: 60 fm (5 Runden)

Runde mit 1 Km beenden, Faden lang genug abschneiden.

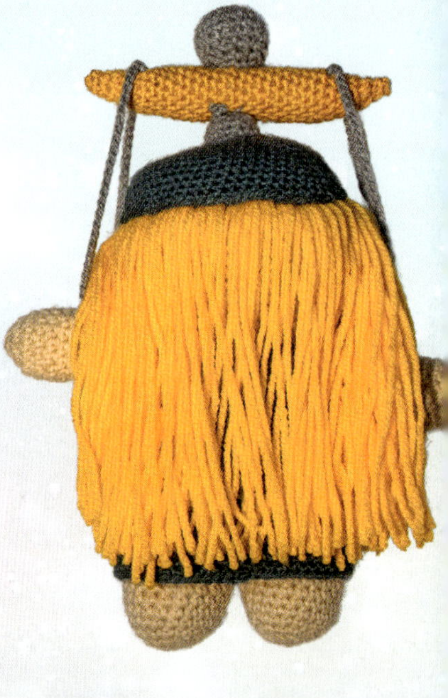

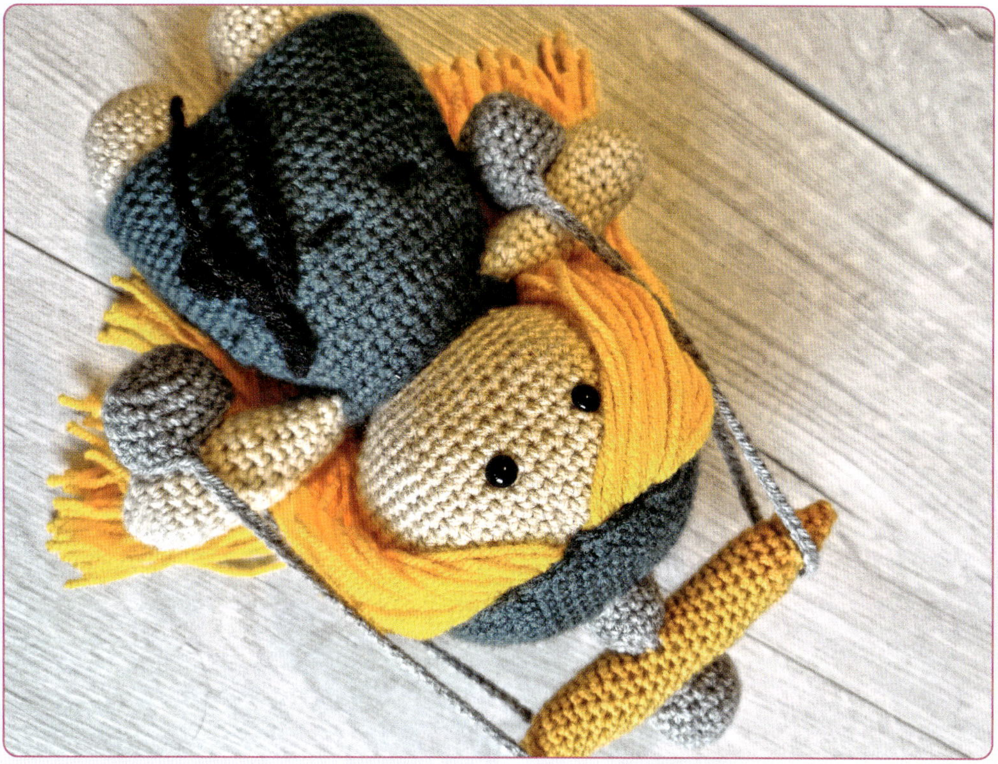

WAAGSCHALEN (2× HÄKELN)

In Hellgrau meliert

1. Runde: 6 fm in Fadenring (6)
2. Runde: (1 fm verd.) × 6 (12)
3. Runde: (1 fm, 1 fm verd.) × 6 (18)
4.–6. Runde: 18 fm (3 Runden)
7. Runde: 9 fm, 36 Lm

Schlinge nun in der Masche mit der Luftmaschenkette neu an und häkle wie folgt weiter:

9 fm, 36 Lm.

Beenden und die beiden Enden der Luftmaschenkette verknoten.

KUGEL (1× HÄKELN)

In Hellgrau meliert

1. Runde: 6 fm in Fadenring (6)
2. Runde: (1 fm verd.) × 6 (12)
3. Runde: (1 fm, 1 fm verd.) × 6 (18)
4.–6. Runde: 18 fm (3 Runden)
7. Runde: (1 fm, 1 fm abn.) × 6 (12)
8. Runde: (4 fm, 1 fm abn.) × 2 (10)

Runde mit 1 Km beenden, Faden lang genug abschneiden.

HALTERUNG (1× HÄKELN)

In Hellgrau meliert

1. Runde: 5 fm in Fadenring (5)
2. Runde: (1 fm verd.) × 5 (10)
3. Runde: (4 fm, 1 fm verd.) × 2 (12)
4.–5. Runde: 12 fm (2 Runden)
6. Runde: (3 fm, 1 fm verd.) × 3 (15)
7. Runde: 15 fm

Runde mit 1 Km beenden, Faden lang genug abschneiden.

QUERSTEG (1× HÄKELN)

In Goldmarie

1. Runde: 4 fm in Fadenring (4)
2. Runde: 4 fm
3. Runde: (1 fm, 1 fm verd.) × 2 (6)
4. Runde: (1 fm, 1 fm verd.) × 3 (9)
5. Runde: 9 fm
6. Runde: (2 fm, 1 fm verd.) × 3 (12)
7.–28. Runde: 12 fm (22 Runden)
29. Runde: (2 fm, 1 fm abn.) × 3 (9)

Beginne den Quersteg nach und nach auszustopfen. Bevor du mit der letzten Runde schließt, sollte der Quersteg gut und fertig gestopft sein.

30. Runde: 9 fm
31. Runde: (1 fm, 1 fm abn.) × 3 (6)
32. Runde: (1 fm, 1 fm abn.) × 2 (4)
33. Runde: 4 fm

Runde mit 1 Km beenden, Faden abschneiden und vernähen.

Hinweis: Wenn bei dir noch ein kleines Loch ist, schließe dieses beim Vernähen des Fadens.

FERTIGSTELLUNG DER WAAGE

1. **Haare:** Die Haare werden angeknüpft, schneide dazu Fäden mit ca. 40 cm Länge (Farbe Gelb) zu. Die Haare beginnen etwa 5 Runden oberhalb der Augen und verlaufen auf Höhe dieser Runde um den gesamten Kopf. Nimm einen Faden, falte ihn zur Hälfte. Stich in eine Masche ein und zieh die Schlaufe mit der Häkelnadel durch. Anschließend ziehst du den Faden mit den beiden offenen Enden durch die Schlaufe. Knüpfe die Haare in 2 hintereinander liegenden Reihen rund um den Kopf.
2. **Mütze:** Setze die Mütze nun auf den Kopf. Sie liegt genau dort, wo die Haare beginnen und deckt den Ansatz ab. Nähe die Mütze rundherum fest.
3. **Kordel:** Fädle das Ende der Kordel auf die Nadel und ziehe die Kordel durch das Kleid. Die Kordel verläuft im Wechsel 3 Maschen an der Außenseite und dann wieder auf der Innenseite. Binde die übrige Kordel vorne zu einer Schleife.
4. **Waage:** Nähe die Kugel mittig auf den Quersteg. Die Spitzen des Stegs zeigen nach rechts bzw. links (waagrecht). Die Kugel sitzt darauf. An die Unterseite des Stegs wird die Halterung angenäht. Diese liegt genau unterhalb der Kugel. Die offene Seite zeigt nach unten. Mit dieser offenen Seite setze die Halterung auf die Mütze. Nähe diese auf Höhe des Rundenanfangs der Mütze fest.
5. **Waagschalen:** Eine Waagschale wird auf der linken Seite befestigt, die andere auf der rechten Seite. Hänge die Waagschalen an den Quersteg und nähe sie dort fest. Die Schalen hängen unter den Armen nach unten. Damit die Arme zur Seite stehen, nimm den Draht und führe diesen von der Seite einmal durch den Arm, durch den Körper und durch den zweiten Arm.

Fertig ist deine Waage!

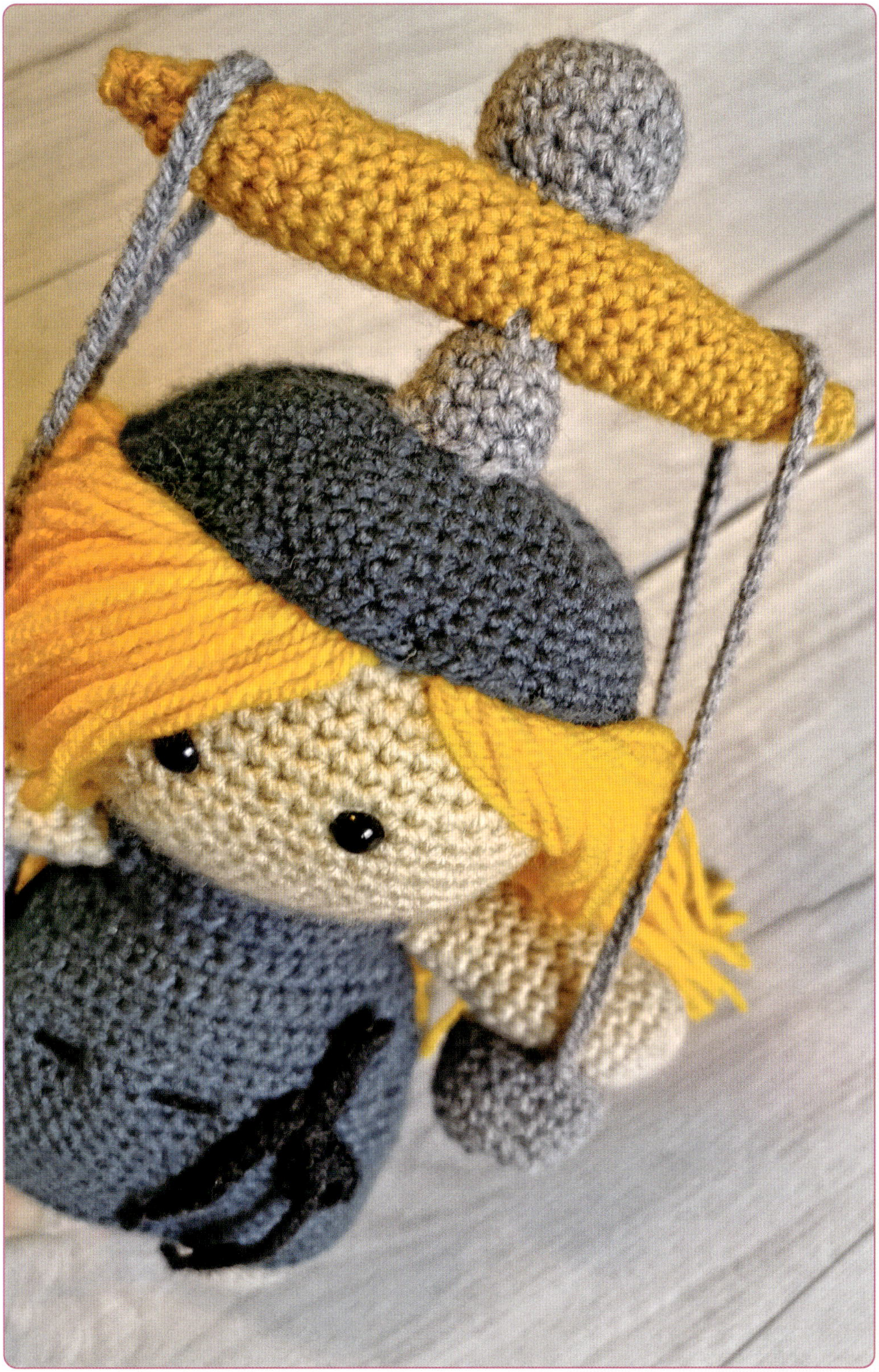

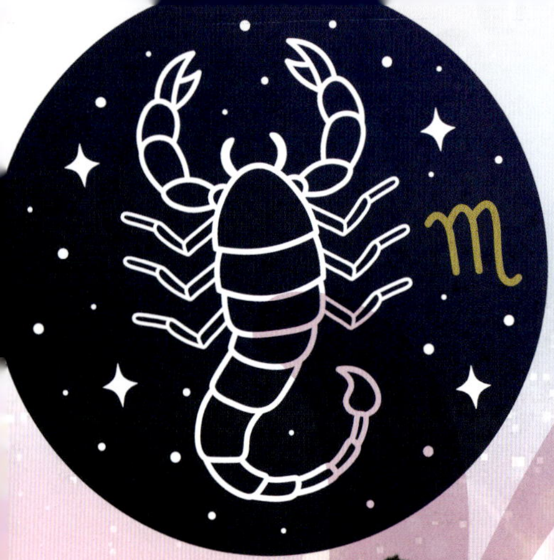

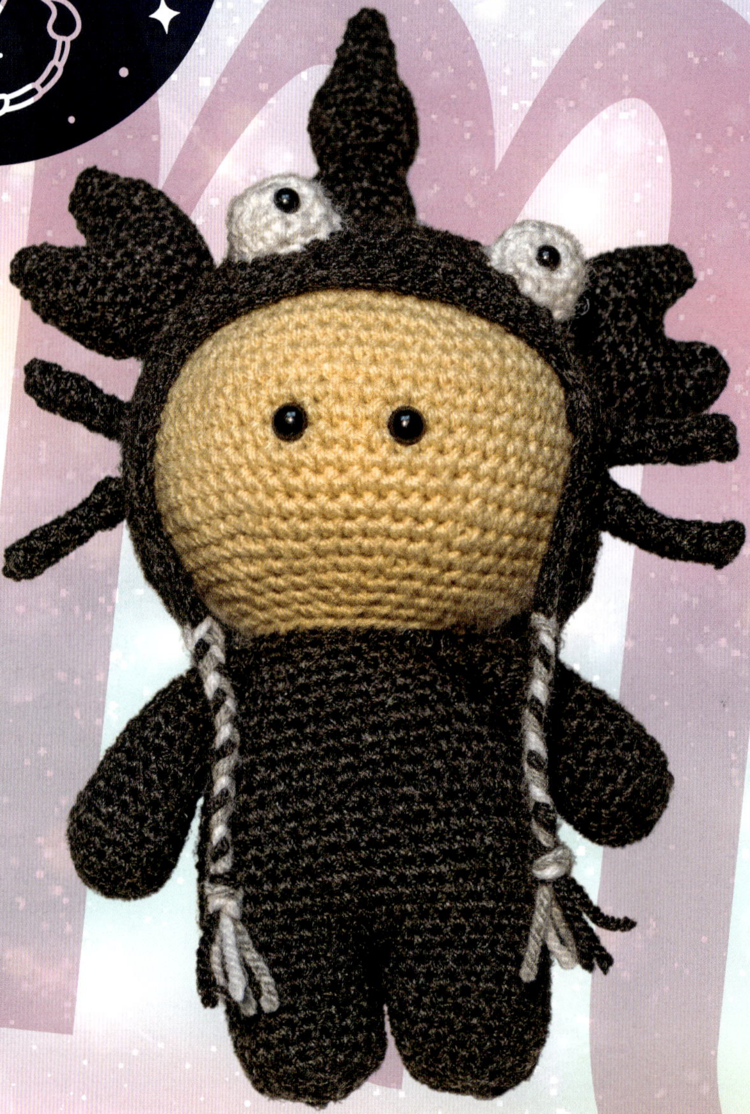

Zeitaufwand: ca. 4–5 Stunden
Größe: ca. 25 cm
Schwierigkeit: 1

SKORPION
ELEMENT: WASSER

24. OKTOBER – 22. NOVEMBER

Der Skorpion läutet langsam das Jahresende ein. Skorpione sind vor allem dafür bekannt, besonders hartnäckig zu sein. Sie sind ehrgeizig, willensstark und fleißig. Sie möchten alles ganz genau wissen. Er selbst möchte nicht durchschaut werden und zieht sich lieber zurück. Denn Emotionen zeigen ist etwas, das ein Skorpion gar nicht gerne macht. Emotional und sensibel sind sie dennoch, auch wenn sie es nicht zeigen. Skorpione behalten Geheimnisse immer für sich, denn sie sind verschwiegen und zuverlässig. Es ist jedoch Vorsicht geboten – wer einen Skorpion reizt, kann den Stachel zu spüren bekommen. Er verteidigt allerdings nicht nur sich selbst, sondern auch wichtige Menschen wie Familie und Freunde.

Das Motto der Skorpione: Wo ein Wille ist, ist auch ein Weg!

MATERIAL:

- Häkelnadel 3,5 mm
- Wolle: Schachenmayr Bravo (133 m/50 g)
  - 40 g Anthrazit meliert (08370)
  - 20 g Sand (08364)
  - 10 g Weiß (08224)
  - 5 g Hellgrau meliert (08295)
- Sicherheitsaugen (1 Paar): 6 mm
- Füllwatte
- Vernähnadel
- Maschenmarkierer
- Schere

BASIS-AMIGURUMI (1× HÄKELN)

Häkle die Basis-Amigurumi (Kopf, Arme, Beine & Körper) nach der Basisanleitung ab Seite 36.

Verwende für den Kopf die Farbe Sand (08364), für Arme, Beine und Körper verwende die Farbe Anthrazit meliert (08295).

MÜTZE (1× HÄKELN)

In Anthrazit meliert

1. Runde: 6 fm in Fadenring (6)
2. Runde: (1 fm verd.) × 6 (12)
3. Runde: (1 fm, 1 fm verd.) × 6 (18)
4. Runde: (2 fm, 1 fm verd.) × 6 (24)
5. Runde: (3 fm, 1 fm verd.) × 6 (30)
6. Runde: (4 fm, 1 fm verd.) × 6 (36)
7. Runde: (5 fm, 1 fm verd.) × 6 (42)
8. Runde: (6 fm, 1 fm verd.) × 6 (48)
9. Runde: (7 fm, 1 fm verd.) × 6 (54)
10. Runde: (8 fm, 1 fm verd.) × 6 (60)
11.–21. Runde: 60 fm (11 Runden)

Im Folgenden werden die Seiten (Ohrenschützer) an die Mütze gehäkelt. Dafür wird mit Reihen weitergearbeitet.

1.–2. Reihe: 14 fm, wenden (2 Reihen)
3. Reihe: 1 fm auslassen, 11 fm, 1 fm abn., wenden (12)
4. Reihe: 1 fm auslassen, 9 fm, 1 fm abn., wenden (10)
5. Reihe: 1 fm auslassen, 7 fm, 1 fm abn., wenden (8)
6. Reihe: 1 fm auslassen, 5 fm, 1 fm abn., wenden (6)
7. Reihe: 6 fm, wenden (6)
8. Reihe: 1 fm auslassen, 5 fm, wenden (5)
9. Reihe: 1 fm auslassen, 4 fm, wenden (4)
10. Reihe: 4 fm, wenden (4)
11. Reihe: 1 fm auslassen, 3 fm, wenden (3)
12. Reihe: 1 fm auslassen, 2 fm, wenden (2)
13. Reihe: 1 fm auslassen, 1 fm, wenden (1)

Reihe mit 1 Km beenden, Faden etwa 15 cm lang abschneiden.

Zähle nun links von der eben gehäkelten Seite 20 Maschen. Schlinge in dieser Masche neu an. Wiederhole nun die Reihen 1–13.

Umhäkle anschließend die gesamte Mütze mit festen Maschen.

Zipfel für die Seiten: Schneide jeweils 2 × 30 cm lange Fäden der Farben Anthrazit meliert, Weiß und Hellgrau meliert zu. Fädle nun jeweils einen Faden jeder Farbe an die linke und an die rechte Ohrseite. Fädle die Faden genau an der Spitze ein, wo auch der Faden aus Runde 13 endete. Die Endfäden nach Runde 13 werden mit eingeflochten.

Flechte nun etwa 5 cm, verknote die Enden und schneide die restlichen Fäden mit ca. 1 cm Rest ab.

AUGEN (2× HÄKELN)

In Weiß

1. Runde: 6 fm in Fadenring (6)
2. Runde: (1 fm verd.) × 6 (12)
3. Runde: 12 fm
4. Runde: (4 fm, 1 fm abn.) × 2 (10)

Runde mit 1 Km beenden, Faden lang genug abschneiden.

BEINE (4× HÄKELN)

In Anthrazit meliert

1. Runde: 4 fm in Fadenring (4)
2.–6. Runde: 4 fm (5 Runden)

Runde mit 1 Km beenden, Faden lang genug abschneiden.

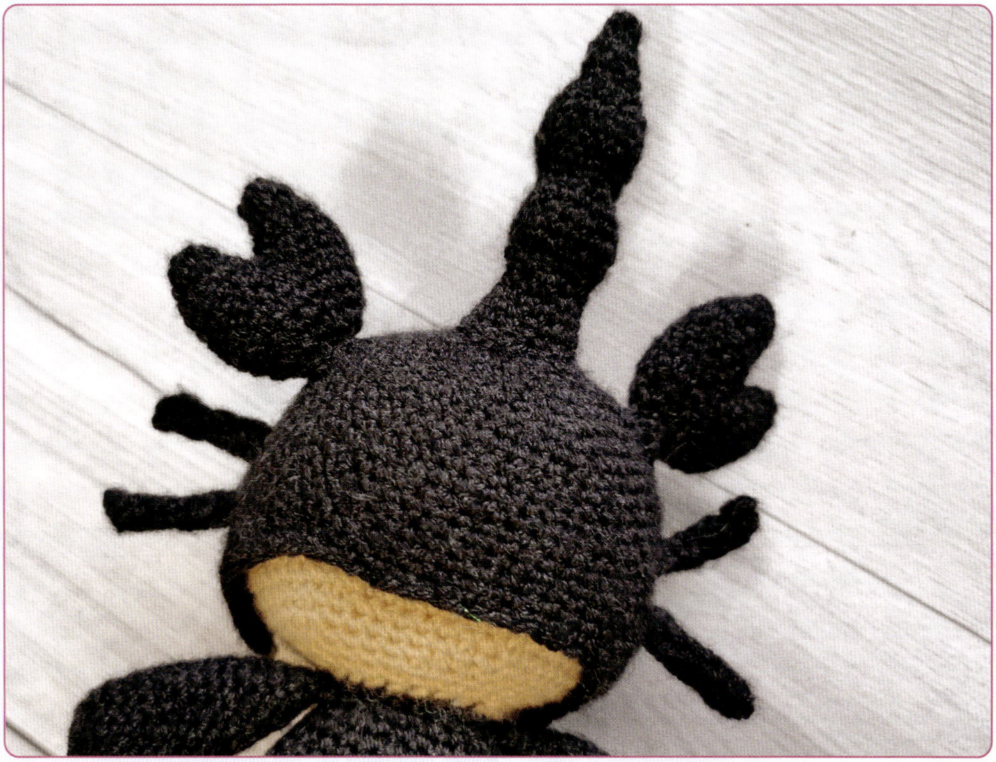

SCHEREN (2× HÄKELN)

In Anthrazit meliert

Die Scheren haben 2 Spitzen. Diese werden separat gehäkelt und dann verbunden. Häkle nun das erste Scherenteil und dann das zweite. Die Teile werden nach dem gleichen Prinzip wie die Beine der Amigurumi zusammengehäkelt.

1. SCHERENTEIL

1. Runde: 6 fm in Fadenring (6)
2. Runde: 6 fm
3. Runde: (1 fm, 1 fm verd.) × 3 (9)
4. Runde: (2 fm, 1 fm verd.) × 3 (12)

Runde mit 1 Km beenden, Faden abschneiden und vernähen.

2. SCHERENTEIL

1. Runde: 6 fm in Fadenring (6)
2. Runde: 6 fm
3. Runde: (1 fm, 1 fm verd.) × 3 (9)
4. Runde: 9 fm
5. Runde: (2 fm, 1 fm verd.) × 3 (12)
6. Runde: 12 fm

Beende das zweite Scherenteil nicht und folge den Häkelanweisungen, um die beiden Teile zu verbinden.

VERBINDUNG DER SCHERENTEILE

Weiter mit Anthrazit meliert

Verbindung von Scherenteil 1 und Scherenteil 2:

7. Runde: 12 fm um das erste Scherenteil (beginne in der 1. fm nach der Km), 12 fm um das zweite Scherenteil

Markiere dir die letzte Masche mit einem Maschenmarkierer als neuen Rundenanfang.

SCHEREN

Weiter mit Anthrazit meliert

8.–10. Runde: 24 fm (3 Runden)
11. Runde: (2 fm, 1 fm abn.) × 6 (18)
12. Runde: 18 fm
13. Runde: (1 fm, 1 fm abn.) × 6 (12)

→ Beginne bereits hier, die Schere mit Füllwatte zu stopfen.

14. Runde: (1 fm abn.) × 6

Runde mit 1 Km beenden, Faden lang genug abschneiden.

SCHWANZ (1× HÄKELN)

In Anthrazit meliert

1. Runde: 4 fm in Fadenring (4)
2. Runde: 4 fm
3. Runde: (1 fm, 1 fm verd.) × 2 (6)
4. Runde: (1 fm, 1 fm verd.) × 3 (9)
5. Runde: 9 fm
6. Runde: (2 fm, 1 fm verd.) × 3 (12)
7. Runde: (3 fm, 1 fm verd.) × 3 (15)
8. Runde: (4 fm, 1 fm verd.) × 3 (18)
9. Runde: 18 fm
10. Runde: (1 fm, 1 fm abn.) × 6 (12)
11. Runde: (1 fm, 1 fm abn.) × 4 (8)
12. Runde: 8 fm
13. Runde: (1 fm, 1 fm verd.) × 4 (12)
14. Runde: (3 fm, 1 fm verd.) × 3 (15)
15. Runde: (4 fm, 1 fm verd.) × 3 (18)
16. Runde: 18 fm
17. Runde: (1 fm, 1 fm abn.) × 6 (12)
18. Runde: (1 fm, 1 fm abn.) × 4 (8)
19. Runde: 8 fm
20. Runde: (1 fm, 1 fm verd.) × 4 (12)
21. Runde: (3 fm, 1 fm verd.) × 3 (15)
22. Runde: (4 fm, 1 fm verd.) × 3 (18)
23.–24. Runde: 18 fm (2 Runden)

Runde mit 1 Km beenden, Faden lang genug abschneiden.

FERTIGSTELLUNG DES SKORPIONS

Hinweis: Die Vorderseite der Mütze ist die, bei der der Abstand zwischen den Ohrenschützern 20 Maschen beträgt.

1. **Mütze:** Ziehe die Mütze nun über den Kopf. Sie liegt etwa 3–4 Runden oberhalb der Augen. Sollte die Mütze noch rutschen, kannst du diese festnähen.
2. **Augen:** Setze die Sicherheitsaugen auf Höhe der 2. Runde ein. Zähle 4 Runden vom unteren Rand der Mütze nach oben, dort sitzen die Augen. Zwischen den Augen liegen etwa 6 Maschen. Die Pupillen zeigen nach vorne. Stopfe die Augen mit etwas Füllwatte und nähe die Augen an der Mütze fest.
3. **Schwanz:** Nähe den Schwanz ebenfalls an der Mütze fest. Er liegt exakt auf dem Rundenanfang der Mütze. Stopfe diesen mit Füllwatte, bevor du ihn annähst.
4. **Scheren:** Die Scheren liegen etwa 5 Maschen rechts bzw. links vom Schwanz. Die große Scherenspitze zeigt nach oben. Stopfe die Scheren mit Füllwatte und nähe diese dann fest.
5. **Beine:** Die Beine sind seitlich an der Mütze anzubringen, etwa 4 Runden unterhalb der Scheren. Pro Seite werden 2 Beine benötigt und die Beine liegen mit jeweils 2 Runden Abstand untereinander.

Fertig ist dein Skorpion!

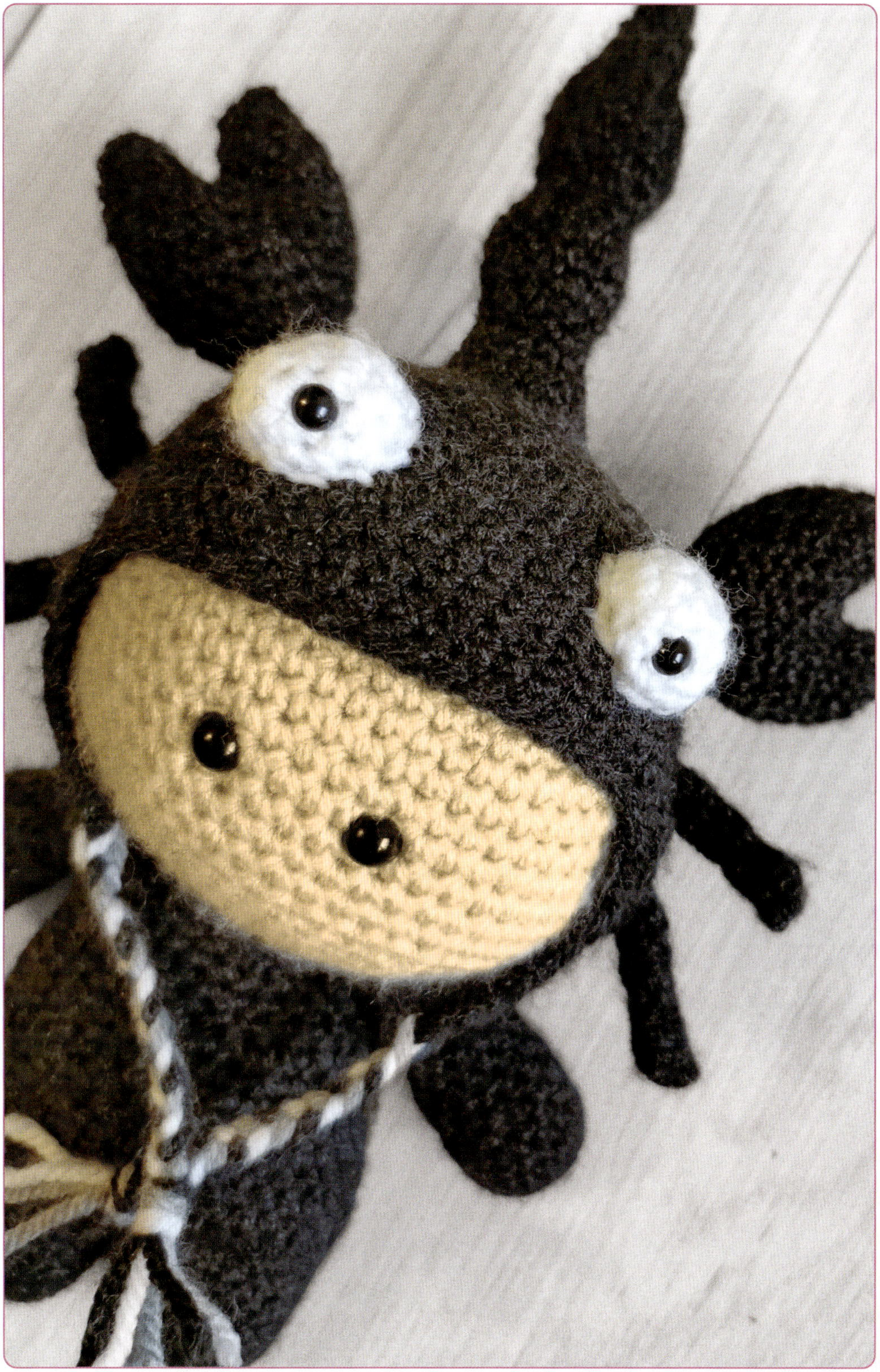

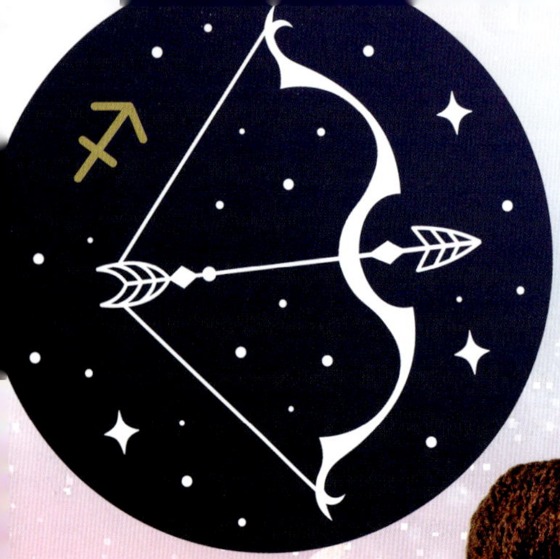

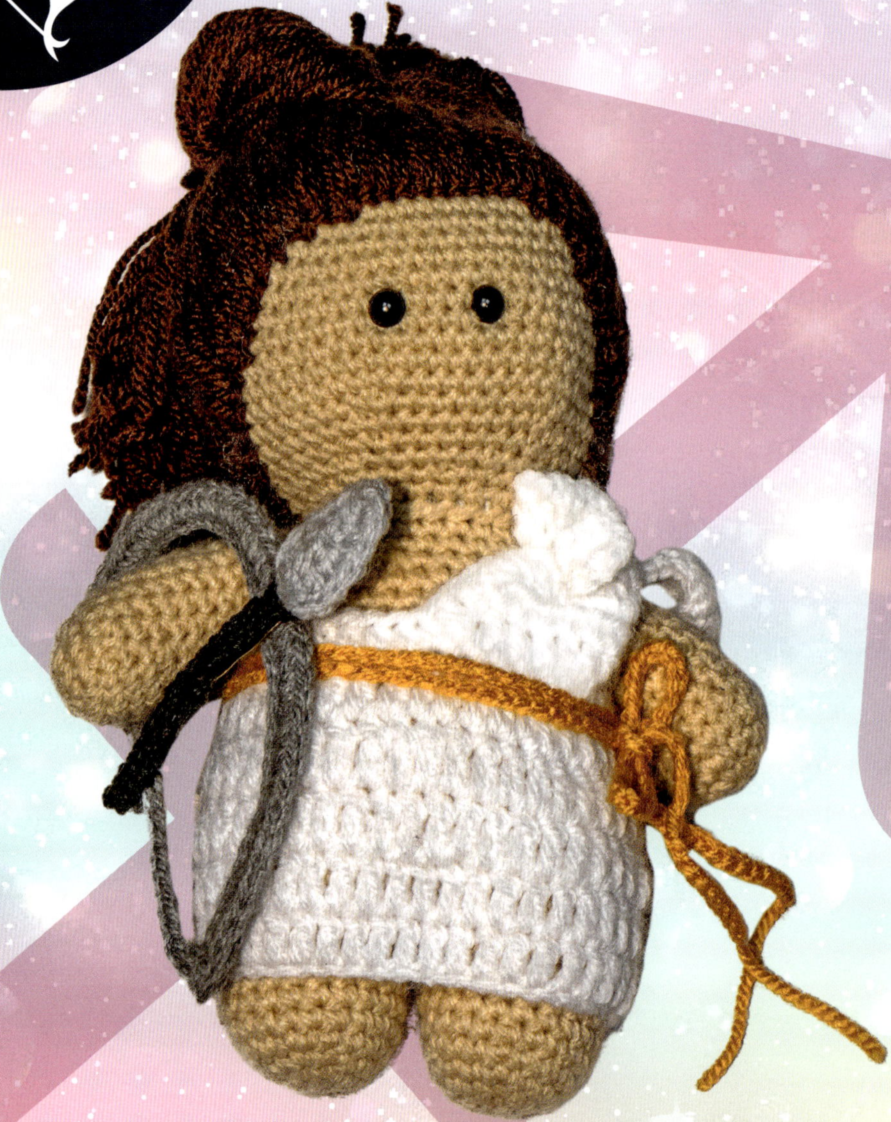

Zeitaufwand: ca. 3–4 Stunden
Größe: ca. 25 cm
Schwierigkeit: 1

SCHÜTZE
ELEMENT: FEUER

23. NOVEMBER – 21. DEZEMBER

Schützen sind ehrlich und aufrichtig und Fans der Wahrheit. Sie haben eine offene Art und knüpfen schnell Kontakte. Sie sind dynamische, fröhliche Personen und sorgen für jede Menge Spaß. Obwohl das Sternzeichen uns im Wintermonat begleitet, sind sie alles andere als trist und dunkel, wie der Winter so manchmal sein kann. Sie haben eine positive Einstellung und Nörgler*innen sind nicht gern gesehen. Die Schützen sind extrovertiert. In Beziehungen sind sie leidenschaftlich, schätzen die Nähe und die Zweisamkeit. Sie verfolgen ihre Ziele, wobei sie Privates und Berufliches gerne einmal mischen. Aus der angestrebten Effizienz wird aber oftmals ein Chaos, wodurch der Schütze den Überblick verliert.

Das Motto der Schützen: Positive Energie ist ansteckend!

MATERIAL:

- Häkelnadel 3,5 mm
- Wolle: Schachenmayr Bravo (133 m/50 g)
  - 40 g Sand (08364)
  - 40 g Braun (08281)
  - 10 g Weiß (08224)
  - 5 g Goldmarie (08028)
  - 5 g Schwarz (08226)
  - 5 g Hellgrau meliert (08295)
  - 5 g Mittelgrau meliert (08319)
- Ca. 28 cm Draht (ø 2 mm)
- Vernähnadel
- Maschenmarkierer
- Schere

BASIS-AMIGURUMI (1× HÄKELN)

Häkle die Basis-Amigurumi (Kopf, Arme, Beine & Körper) nach der Basisanleitung ab Seite 36.

Verwende für alle Körperteile die Farbe Sand (08364).

GEWAND (1× HÄKELN)

In Weiß

1. Runde: 42 Lm anschlagen, mit 1 Km zum Kreis schließen
2.–6. Runde: 40 Stb (5 Runden)

Im Nachfolgenden wird in Reihen weiter gearbeitet für die Träger des Gewands:

7. Reihe: 20 Stb, wenden (20)
8. Reihe: 10 hStb, wenden (10)
9. Reihe: 1 hStb auslassen, 7 hStb, 1 hStb abn., wenden (8)
10. Reihe: 1 hStb auslassen, 5 hStb, 1 hStb abn., wenden (6)
11. Reihe: 1 hStb auslassen, 3 hStb, 1 hStb abn., wenden (4)
12. Reihe: 1 hStb auslassen, 2 hStb, wenden (3)
13.–27. Reihe: 3 fm, wenden (15 Reihen)
28. Reihe: 22 fm entlang des Trägers, 2 hStb in 1 Masche (die Eckmasche von Träger und Gewand), 22 hStb, 3 fm, wenden
29.–48. Reihe: 3 fm, wenden (20 Reihen)

Reihe mit 1 Km beenden, Faden abschneiden und vernähen.

GEWAND-KORDEL (1× HÄKELN)

In Goldmarie

1. Reihe: 120 Lm

Beenden und Faden mit etwa 2–3 cm abschneiden. Kürze den Anfangsfaden ebenfalls auf 2–3 cm.

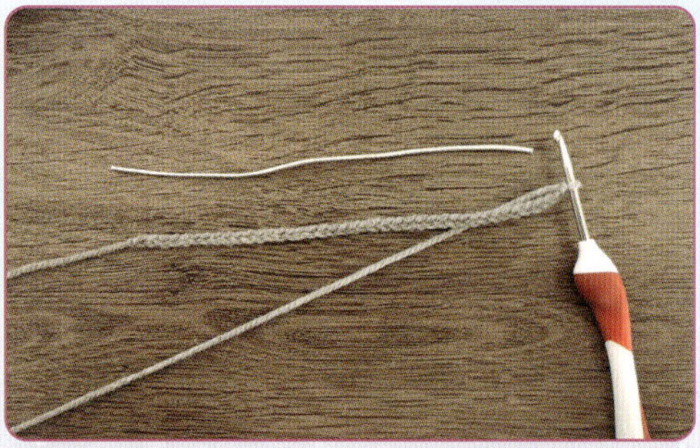

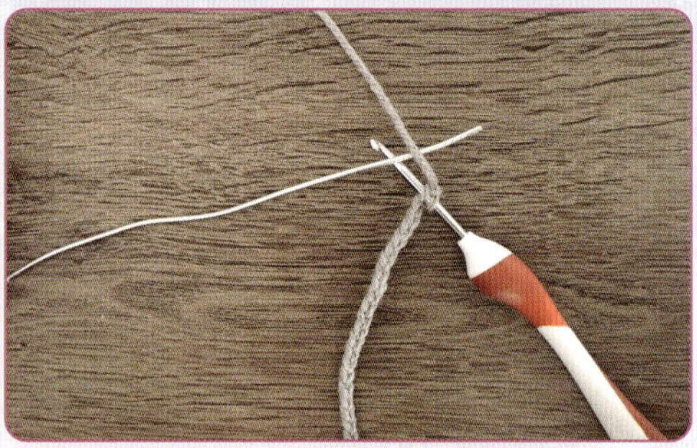

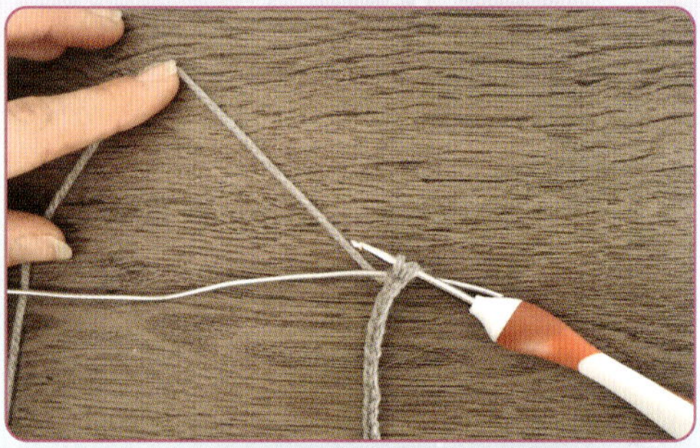

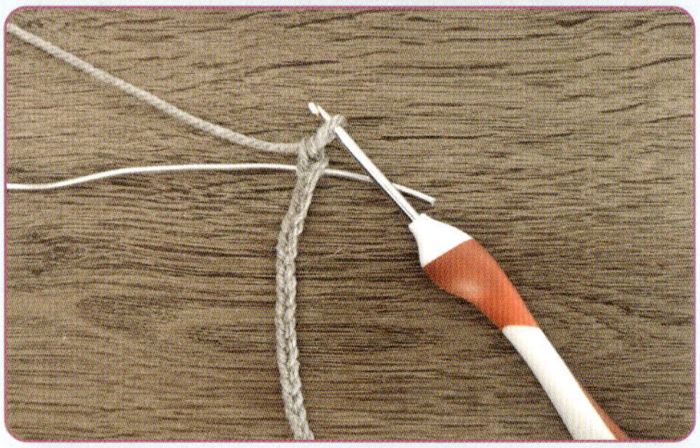

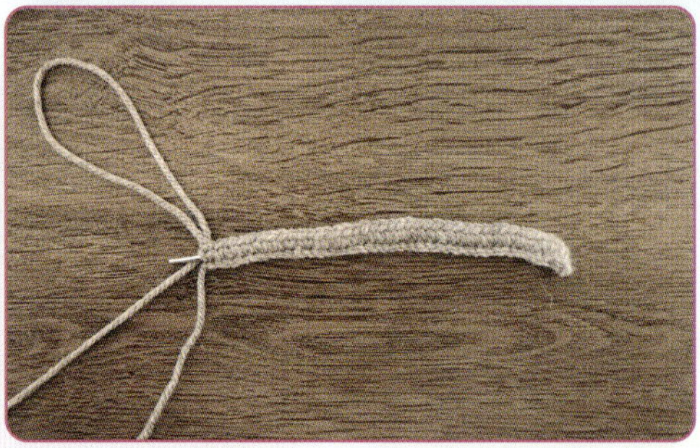

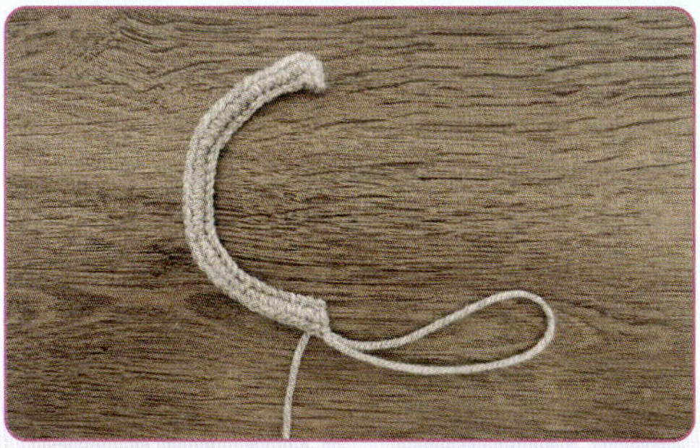
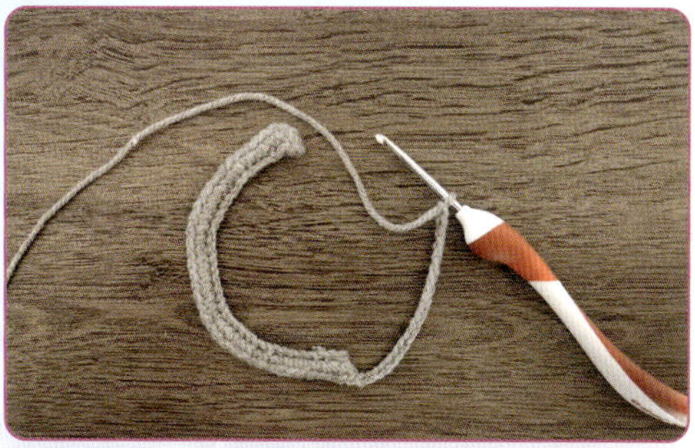
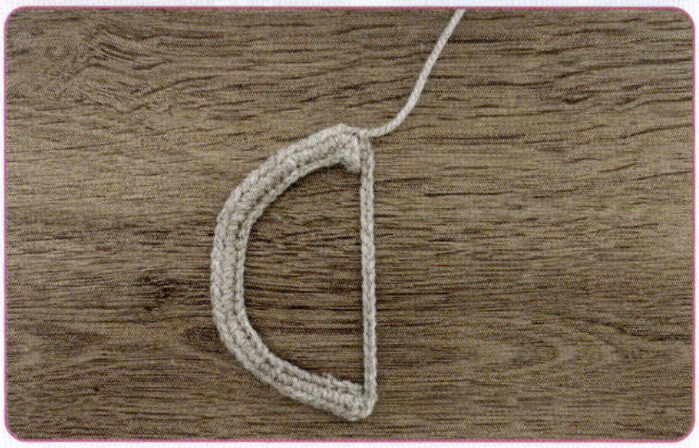
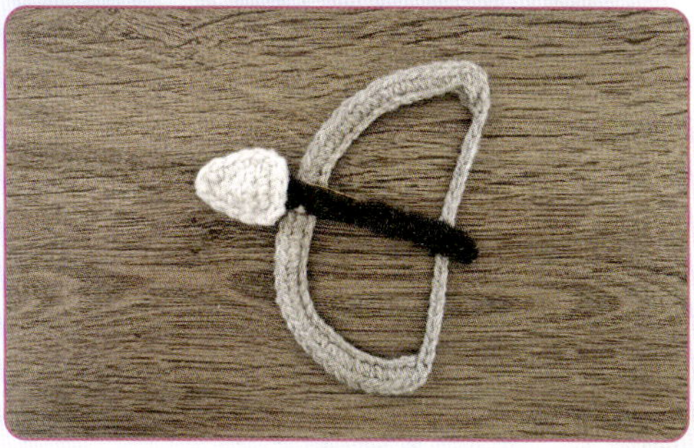

BOGEN (1× HÄKELN)

In Mittelgrau meliert, in Reihen gehäkelt

1. Reihe: 41 Lm anschlagen

Schneide ein ca. 20 cm langes Drahtstück ab. Die folgenden Maschen häkelst du nun um den Draht. Das heißt, du führst die Nadel hinter dem Draht durch, um den Faden das erste Mal zu holen. Das zweite Mal holst du den Faden vor dem Draht, um die fm zu beenden.

2. Reihe: 1 fm in die 2. Lm von der Nadel aus, 39 fm, 1 Km (40)
3. Reihe: 20 Lm

Biege den Draht nun zu einem Halbkreis. Spanne die Luftmaschenkette zum anderen Ende des Bogens und verbinde sie mit 1 Km. Faden abschneiden und vernähen. Die überstehenden Drahtenden kannst du nach hinten knicken, dann rutschen auch die Maschen nicht herunter.

PFEIL (1× HÄKELN)

In Schwarz, in Reihen gehäkelt

1. Reihe: 21 Lm anschlagen

Schneide ein ca. 8 cm langes Drahtstück ab. Die folgenden Maschen häkelst du nun um den Draht. Gehe dabei nach dem gleichen Prinzip wie beim Bogen vor.

2. Reihe: 1 fm in die 2. Lm von der Nadel aus, 19 fm (20)

Reihe mit 1 Km beenden, Faden lang genug abschneiden.

Auch hier die überstehenden Drahtenden nach hinten knicken.

PFEILSPITZE (2× HÄKELN)

In Hellgrau meliert, in Reihen gehäkelt

1. Reihe: 5 Lm anschlagen
2. Reihe: 1 fm in die 2. Lm von der Nadel aus, 3 fm, wenden (4)
3. Reihe: 1 fm auslassen, 3 fm, wenden (3)
4. Reihe: 1 fm auslassen, 2 fm, wenden (2)
5. Reihe: 1 fm auslassen, 1 fm, wenden (1)
6. Reihe: 1 fm

Beende die erste Pfeilspitze mit 1 Km, Faden abschneiden und vernähen.

Beende die zweite Pfeilspitze NICHT. Lege die beiden Spitzen aufeinander, die schönen Seiten zeigen nach außen. Häkle die beiden Spitzen nun wie folgt zusammen: 7 fm, 2 fm nur in die Maschen der oberen Spitze (so entsteht eine kleine Öffnung), 7 fm, 1 Km. Runde beenden und Faden lang genug abschneiden.

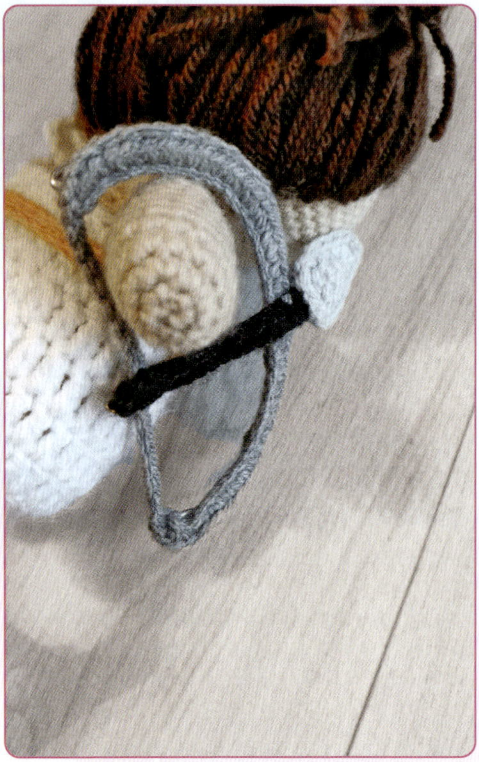

FERTIGSTELLUNG DES SCHÜTZEN

1. **Haare:** Die Haare werden angeknüpft, schneide dazu Fäden mit ca. 40 cm Länge (Farbe Braun) zu. Die Haare beginnen etwa 5 Runden oberhalb der Augen. Seitlich sind rechts bzw. links ca. 6 Maschen Abstand zu den Augen. Nimm einen Faden, falte ihn zur Hälfte. Stich in eine Masche ein und zieh die Schlaufe mit der Häkelnadel durch. Anschließend ziehst du den Faden mit den beiden offenen Enden durch die Schlaufe. Knüpfe die Haare rund um den Kopf herum, in 2 hintereinander liegenden Reihen. Anschließend knotest du die Haare oben zu einem Dutt.
2. **Kleid:** Ziehe deiner Amigurumi nun das Kleid an. Knote die beiden Trägerenden über den Schultern zusammen. Die Kordel fädelst du etwa 1 Runde unterhalb der Träger durch die Maschen und bindest sie auf der Seite zu einer Schleife.
3. **Pfeil & Bogen:** Schiebe den Pfeil in die kleine Öffnung der Pfeilspitze und vernähe beides dort. Lege den Pfeil nun leicht schräg auf den Bogen. Fixiere auch hier den Pfeil sowohl am Bogenhalbkreis als auch an der Luftmaschenkette mit ein paar Stichen. Hänge den Bogen über den rechten Arm und fixiere ihn ggf. mit ein paar Stichen am Körper.

Fertig ist dein Schütze!

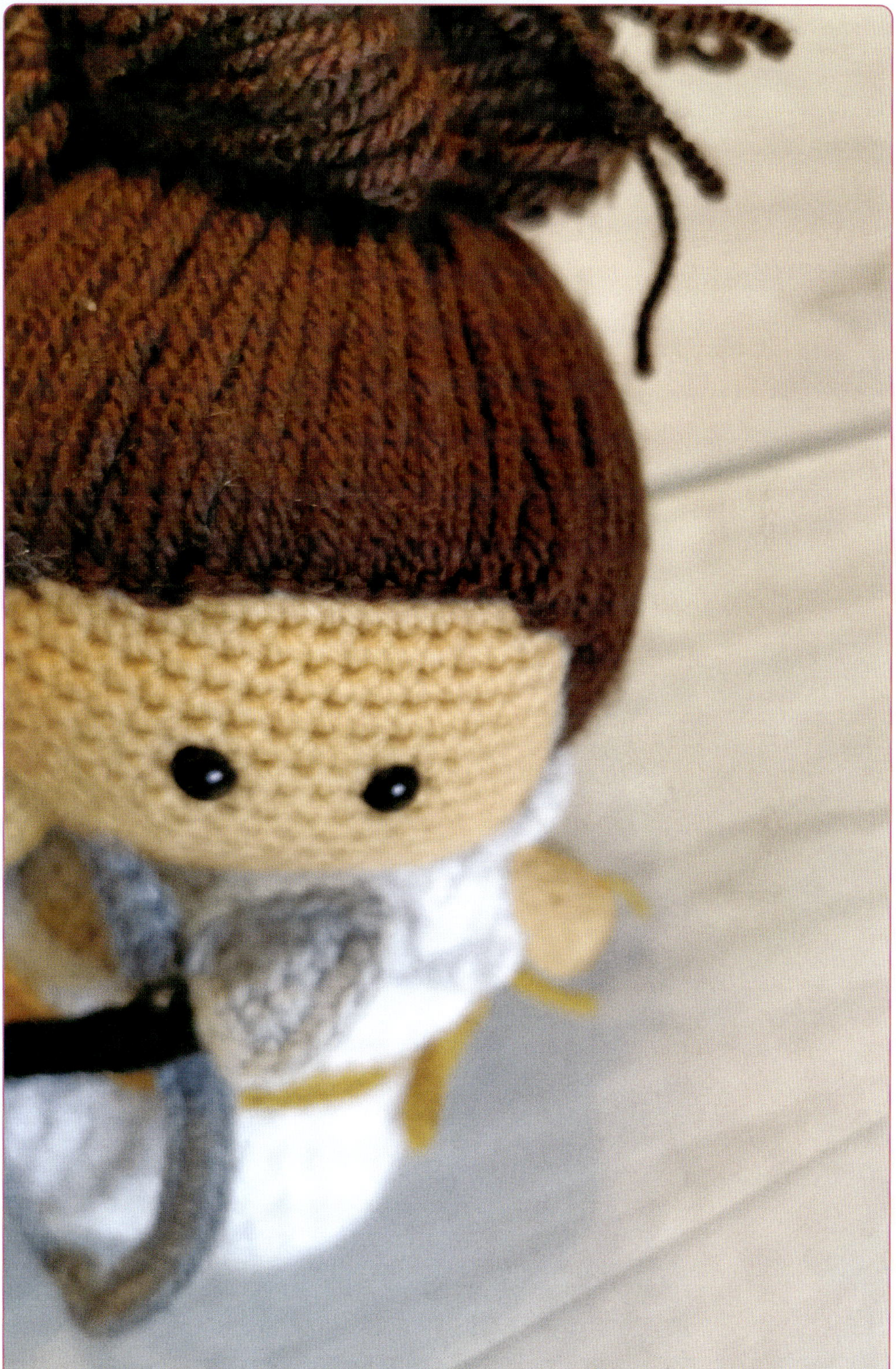

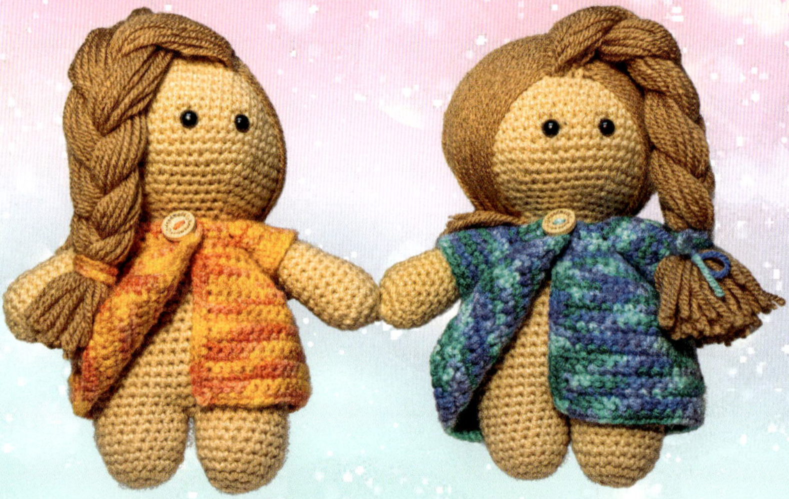

GRUND

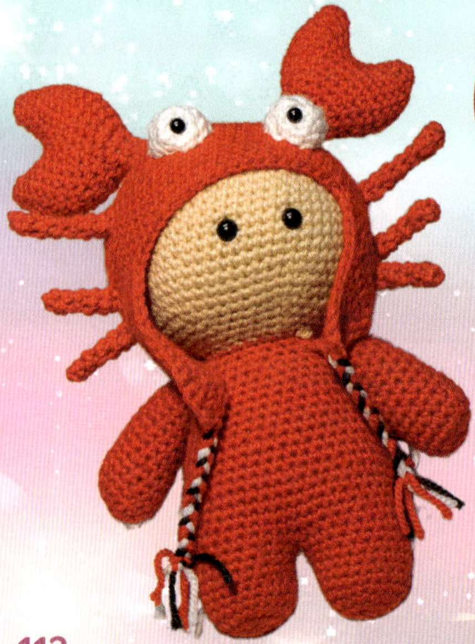

KURS HÄKELN

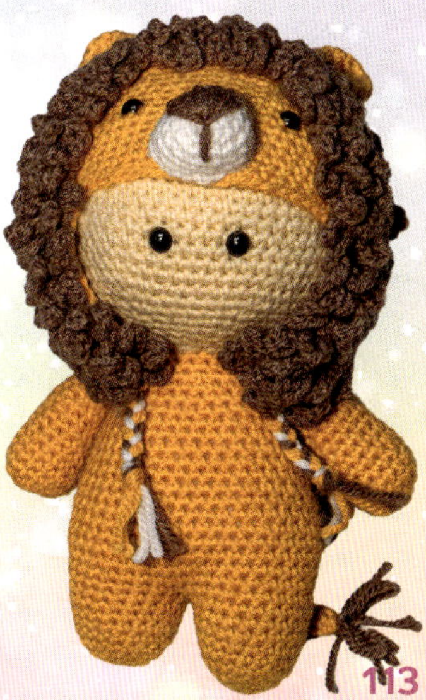

LUFTMASCHENANSCHLAG

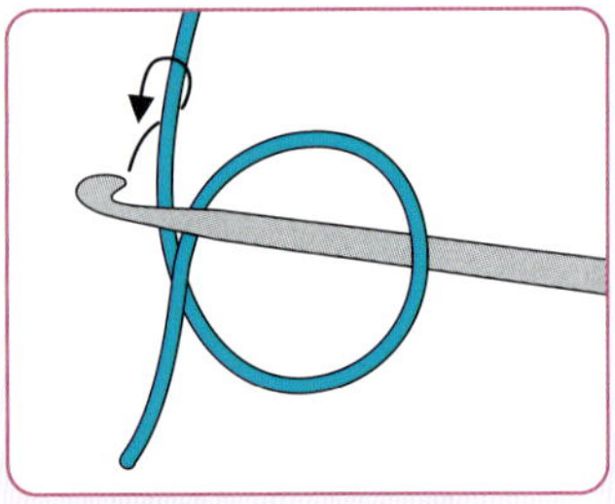

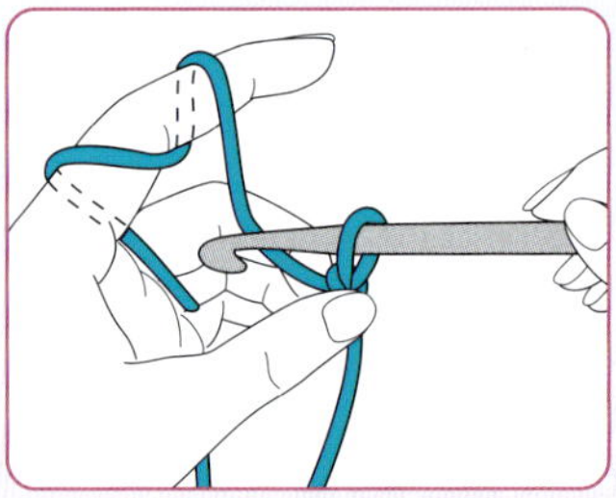

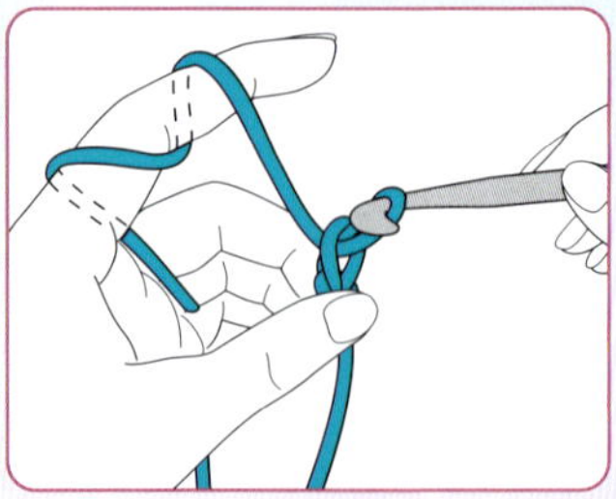

Den Faden zu einem Kreis legen, sodass sich die Fäden kreuzen. Dabei das Fadenende zwischen Zeigefinger und Daumen halten. Die Häkelnadel durch den Kreis führen, den Faden um die Nadel legen und den Umschlag durchziehen. Festziehen!

Der Anschlagsknoten ist fertig und eine Schlinge liegt auf der Nadel. Den Anschlagsknoten mit Daumen und Mittelfinger halten, den Faden vom Zeigefinger mit der Nadel erfassen und durch die Schlinge ziehen.

Die erste Luftmasche ist fertig. Wiederholen, bis die gewünschte Luftmaschenzahl erreicht ist.

FADENRING

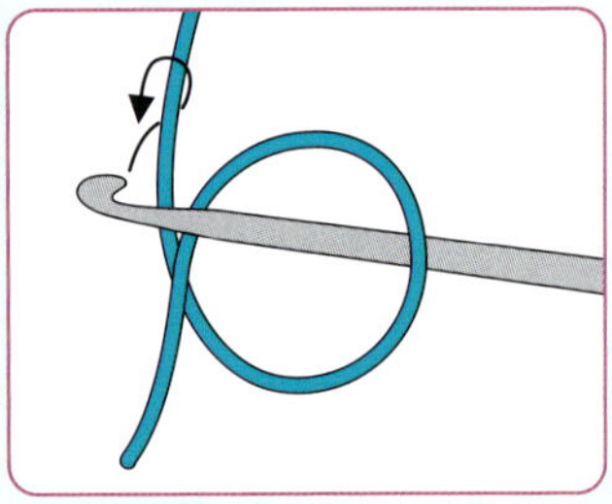

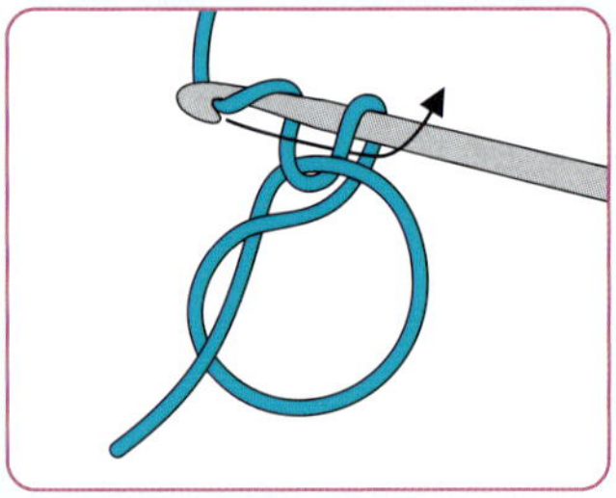

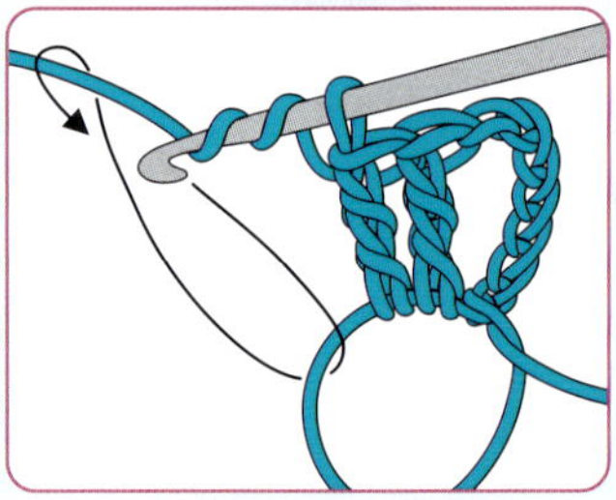

Den Faden zu einem Kreis legen, sodass sich die Fäden kreuzen. Dabei das Fadenende zwischen Zeigefinger und Daumen halten. Die Häkelnadel durch den Kreis führen, den Faden um die Nadel legen und den Umschlag durchziehen. Nicht festziehen!

Den Arbeitsfaden um den linken Zeigefinger legen und den Kreuzungspunkt festhalten, einen Umschlag durch die Schlinge der Nadel ziehen (= eine Luftmasche).

Den Ring wie angegeben behäkeln und am Ende der 1. Runde den Fadenring festziehen.

HÄKELN IN SPIRALRUNDEN

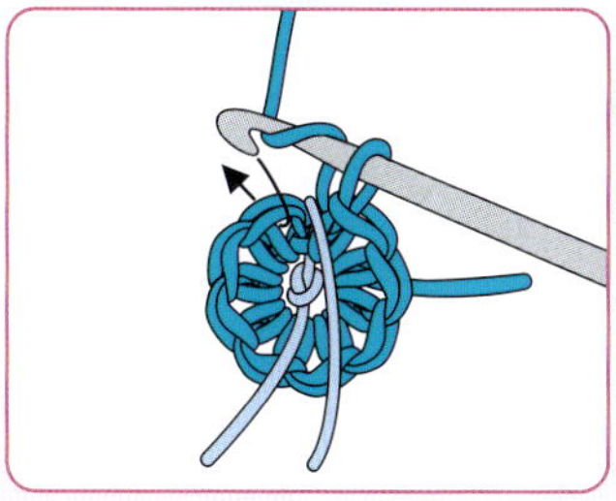

Zunächst die angegebene Maschenzahl in den Fadenring arbeiten und diesen festziehen. Danach für die 2. Runde direkt in die erste feste Masche der 1. Runde einstechen. Dabei den Rundenübergang mit einem Kontrastfaden markieren, denn die Runden schrauben sich spiralförmig in die Höhe, sodass nur schwer zu erkennen ist, wann eine neue Runde erreicht ist. Die Markierung zeigt den Rundenbeginn.

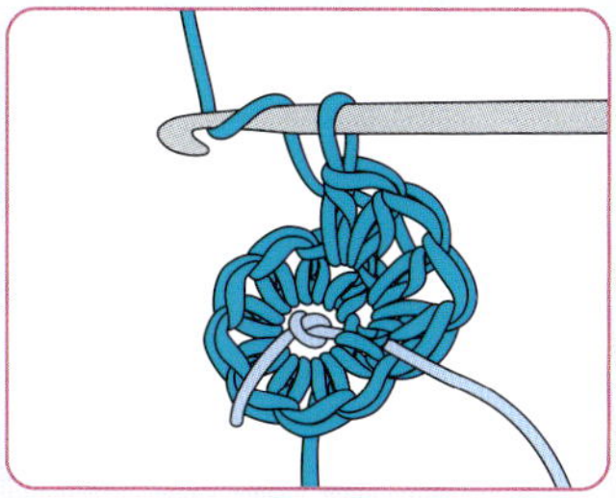

Wie in der Anleitung beschrieben die 2. Runde häkeln.

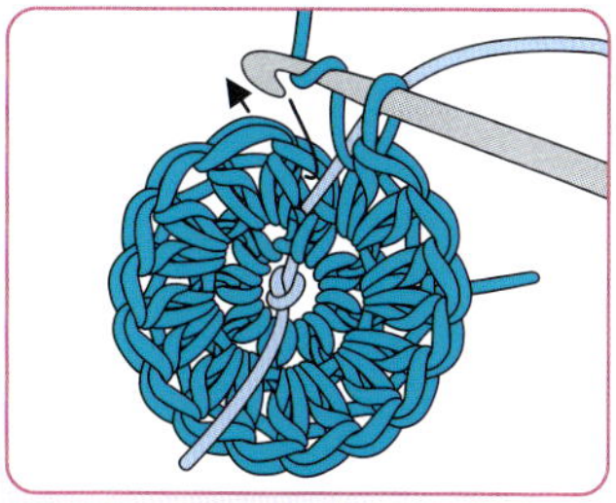

Am Rundenübergang den Markierungsfaden im Wechsel nach vorne bzw. nach hinten legen und entsprechend der Anleitung weiterarbeiten. Nach Beenden der Arbeit den Markierungsfaden herausziehen.

BÜSCHELMASCHEN

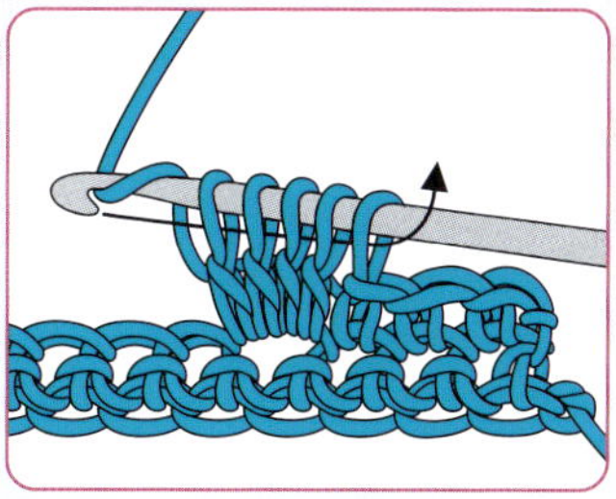

Den Faden umschlagen, die Nadel am Ausgangspunkt einstechen, eine Schlinge holen, einen weiteren Umschlag holen und die zwei ersten Schlingen abmaschen. Dieses Vorgehen 2-mal (oder mehrfach) wiederholen.

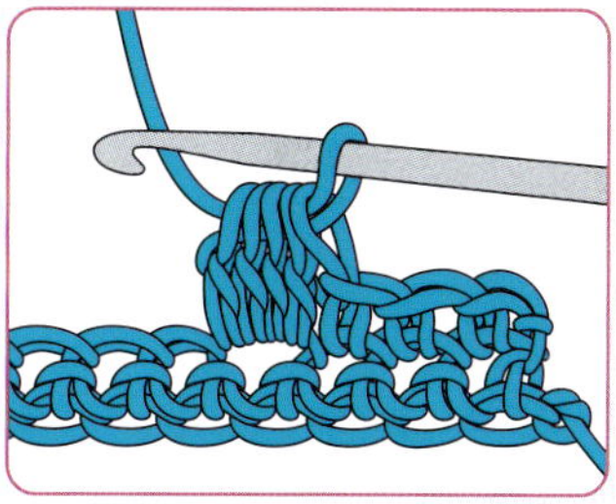

Mit einem letzten Umschlag alle Schlingen abmaschen.

FARBWECHSEL IN SPIRALRUNDEN UND REIHEN

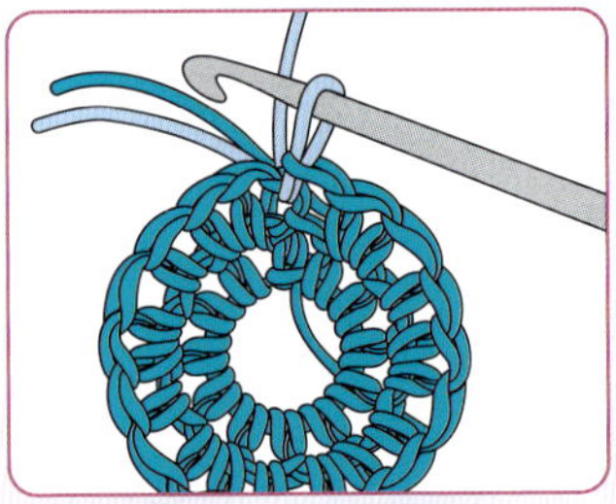

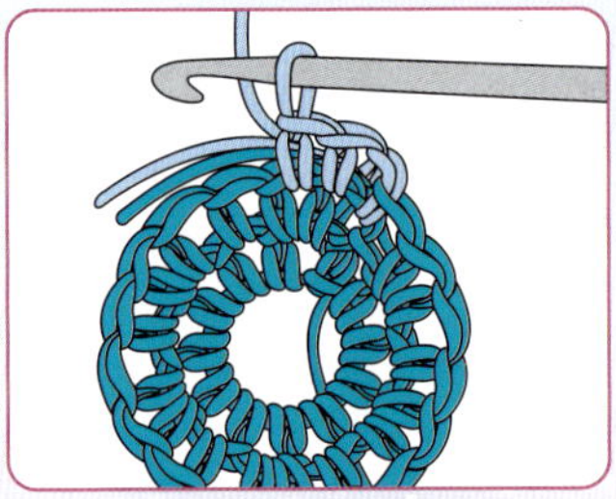

Um einen exakten Farbübergang zu erreichen, bereits die letzte Schlinge der letzten Masche der Vorrunde in der neuen Farbe häkeln. Bei einem Farbwechsel innerhalb der Reihe oder Runde ebenfalls die letzte Schlinge der letzten Masche der vorhergehenden Farbe mit der neuen Farbe häkeln.

Bei Reihen beide Fadenenden auf die Maschenglieder der Vorreihe legen. Die folgenden 4–5 Maschen über die Fadenenden arbeiten. Dabei wie gewohnt feste Maschen häkeln, in deren Mitte die Fadenenden versteckt und fixiert werden. Überstehende Fadenenden abschneiden.

Bei Runden die Fadenenden lediglich auf der Innenseite verknoten.

WENDELUFTMASCHE

Wendeluftmaschen werden wie normale Luftmaschen gearbeitet, implizieren jedoch ein Wenden der Arbeit und werden beim Zurückhäkeln stets übersprungen.

KETTMASCHE

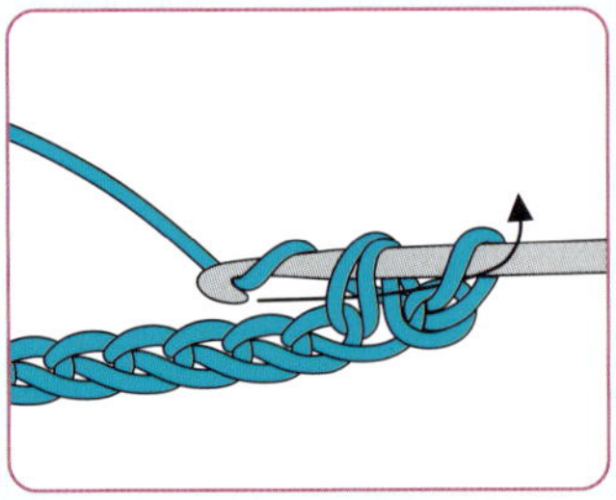

In die vorgesehene Masche einstechen, den Faden um die Nadel legen und diesen Umschlag durch alle Schlingen der Nadel ziehen.

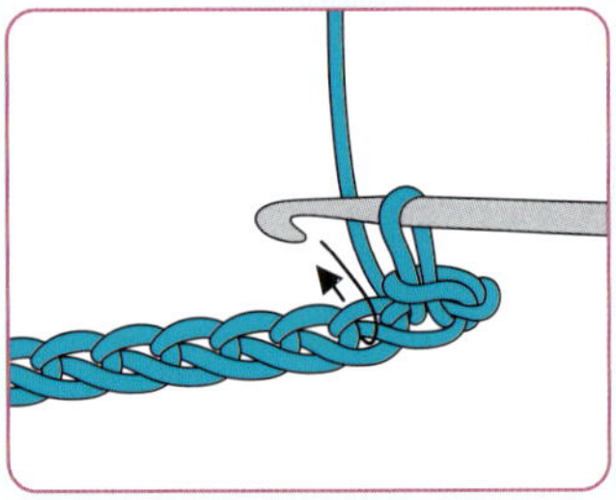

Die Kettmasche ist fertig.

FESTE MASCHE IM KREUZSTICH

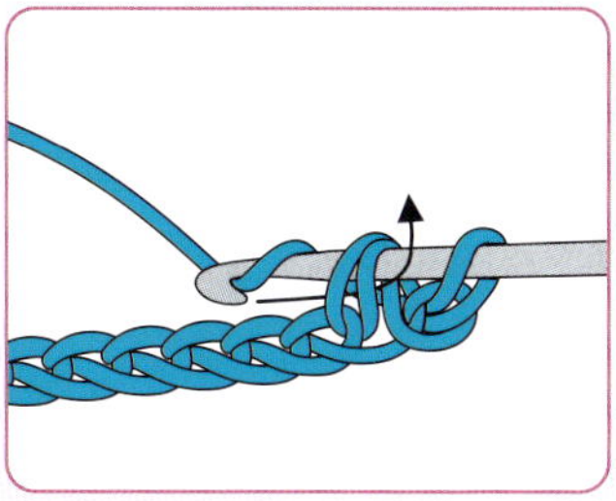

In die vorgesehene Masche einstechen und den Faden von hinten nach vorne um die Nadel legen und durchziehen. Dadurch wird die erste Schlinge um 180° verdreht, sodass die feste Masche etwas dichter und quadratischer aussieht.

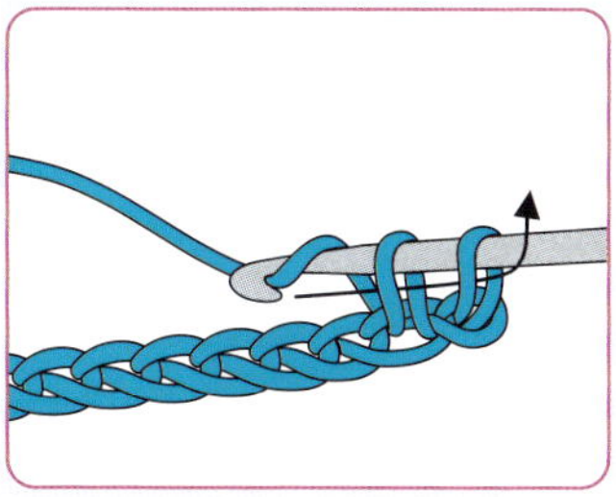

Den Faden erneut um die Nadel legen und durch beide Schlingen ziehen.

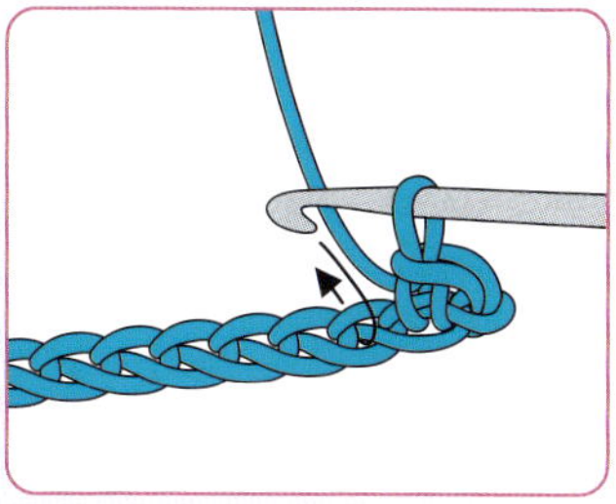

Die feste Masche ist fertig.

FESTE MASCHE IN DIE VORDERE SCHLAUFE

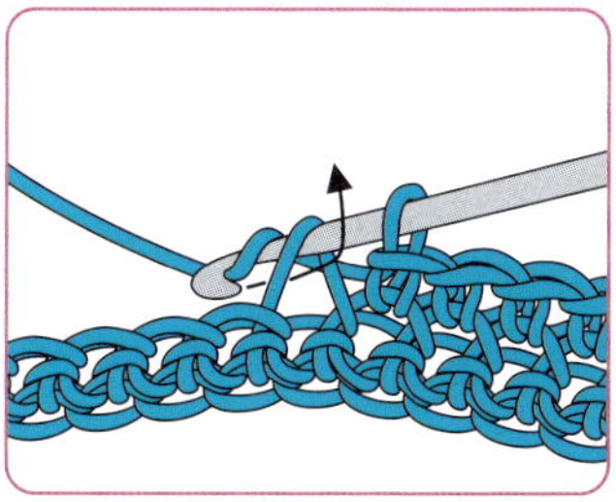

Beim Einstechen in die Masche der Vorreihe/-runde darauf achten, dass stets nur die vordere Schlaufe erfasst wird. Den Umschlag durchholen. Dann wie bei allen festen Maschen den Faden erneut um die Nadel legen und durch beide Schlingen ziehen.

FESTE MASCHE IN DIE HINTERE SCHLAUFE

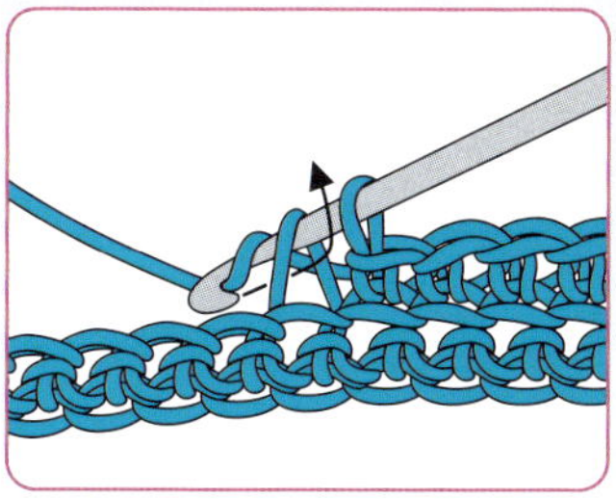

Beim Einstechen in die Masche der Vorreihe/-runde darauf achten, dass stets nur die hintere Schlaufe erfasst wird. Den Umschlag durchholen. Dann wie bei allen festen Maschen den Faden erneut um die Nadel legen und durch beide Schlingen ziehen.

HALBES STÄBCHEN

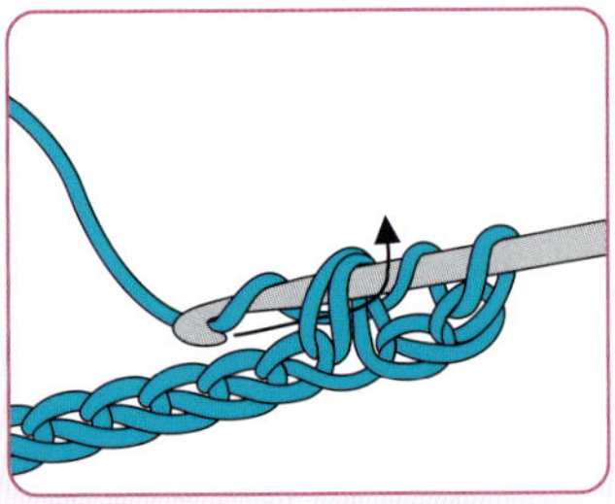

Einen Umschlag um die Nadel legen, in die vorgesehene Masche einstechen. Den Faden holen und durchziehen. Es liegen nun drei Schlingen auf der Nadel.

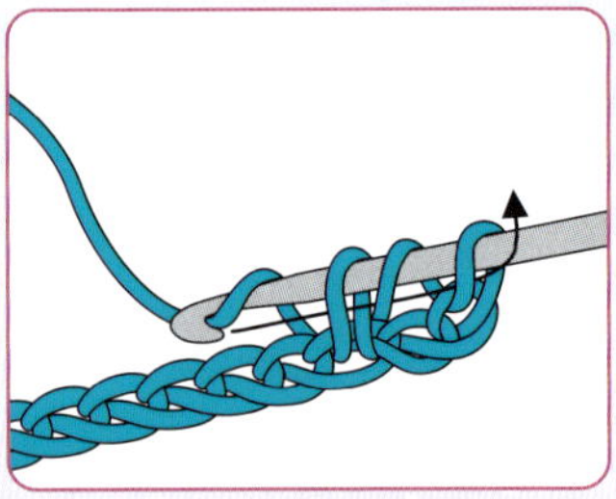

Den Faden nochmals holen und durch alle drei Schlingen ziehen.

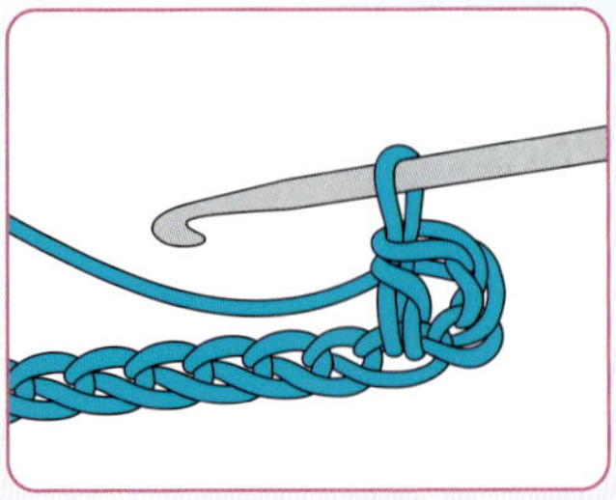

Das halbe Stäbchen ist fertig.

STÄBCHEN

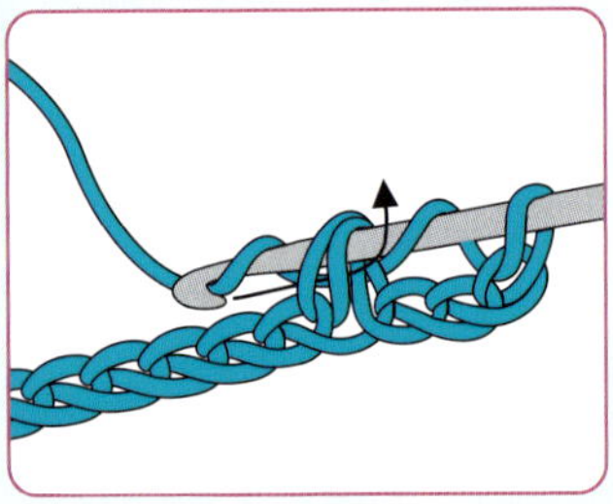

Einen Umschlag um die Nadel legen und in die vorgesehene Masche einstechen. Den Faden holen und durchziehen. Es liegen nun drei Schlingen auf der Nadel.

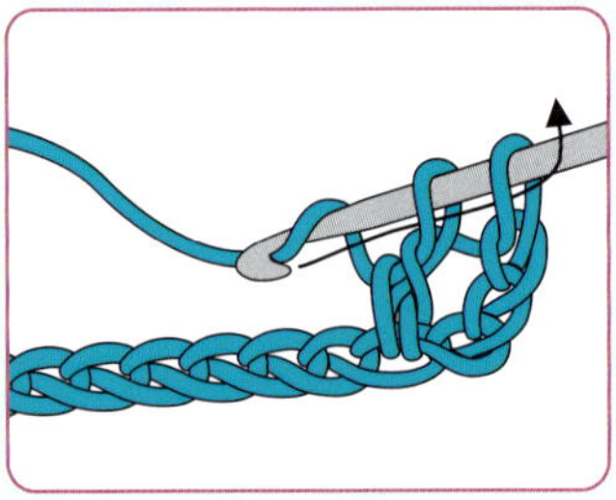

Den Faden erneut holen und durch zwei Schlingen der Nadel ziehen. Es liegen nun zwei Schlingen auf der Nadel.

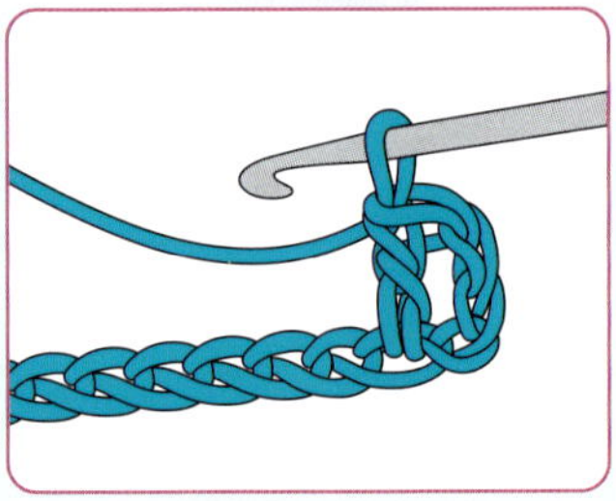

Den Faden nochmals holen und durch die restlichen zwei Schlingen ziehen. Das Stäbchen ist fertig.

DOPPELSTÄBCHEN

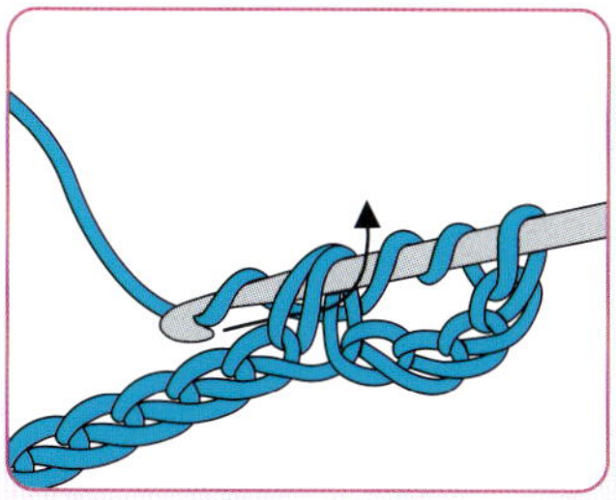

Zwei Umschläge um die Nadel legen und in die vorgesehene Masche einstechen. Den Faden um die Nadel legen. Diesen Umschlag durchziehen.

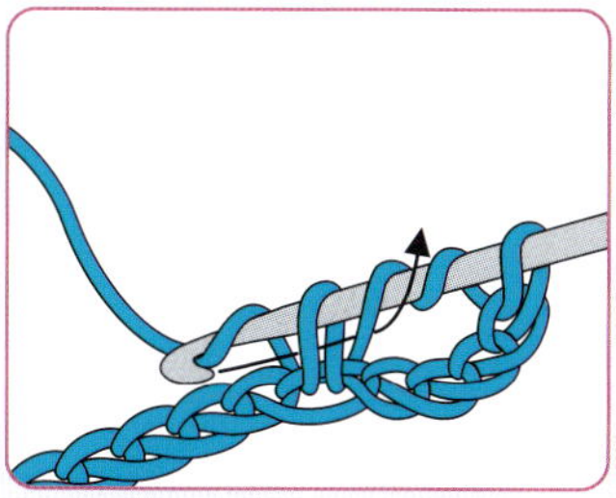

Es liegen nun vier Schlingen auf der Nadel. Den Faden wieder um die Nadel legen. Diesen Umschlag durch zwei der vier Schlingen ziehen.

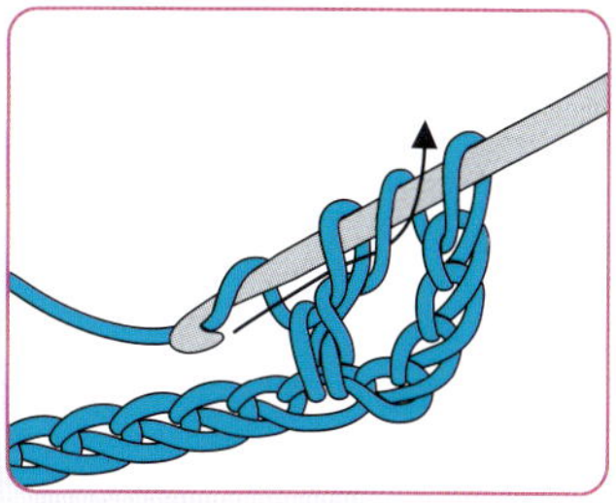

Es liegen nun drei Schlingen auf der Nadel. Den Faden wieder um die Nadel legen. Diesen Umschlag durch zwei der drei Schlingen der Nadel ziehen.

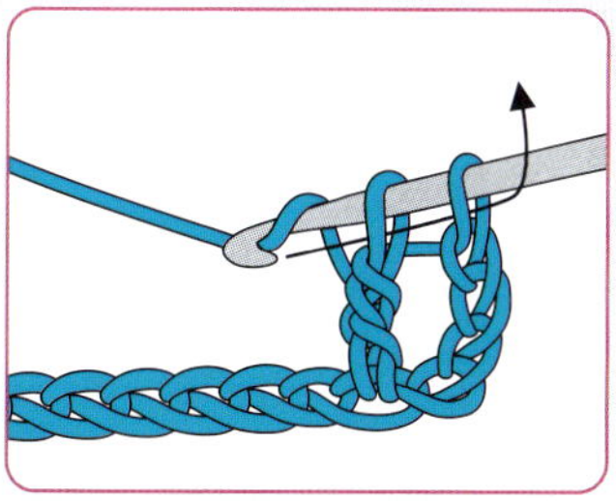

Den Faden noch einmal um die Nadel legen. Diesen Umschlag durch die letzten beiden Schlingen der Nadel ziehen.

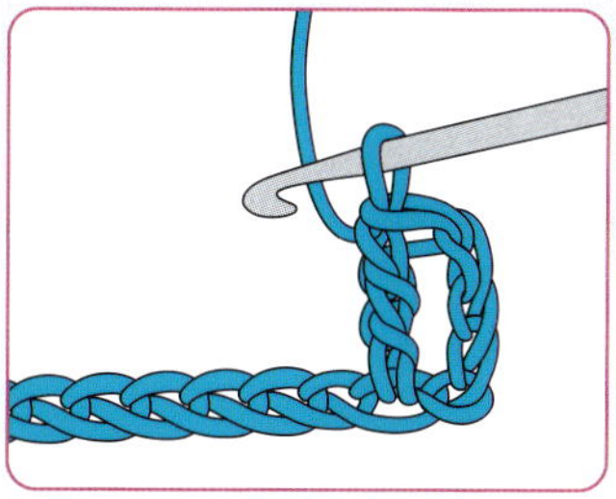

Das Doppelstäbchen ist fertig.

UNSICHTBARES ZUNEHMEN

Beim unsichtbaren Zunehmen arbeitet man die erste feste Masche nur in die vordere Maschenschlaufe und die zweite feste Masche dann wie gewohnt in beide Schlaufen gleichzeitig.

Achtung: Beim Häkeln in Reihen wird die erste feste Masche immer in die von außen sichtbare Maschenschlaufe gearbeitet. Pro Reihe wird also immer zwischen vorderer und hinterer Schlaufe gewechselt.

UNSICHTBARES ABNEHMEN

Beim unsichtbaren Abnehmen wird die Häkelnadel zunächst durch die vorderen Maschenschlaufen der folgenden zwei Maschen gestochen und der Faden dann durch beide Schlaufen gleichzeitig geholt. Der Faden wird dann wie gewohnt durch die beiden Fadenschlingen, die sich nun auf der Häkelnadel befinden, gezogen.

Achtung: Beim Häkeln in Reihen wird die Abnahme immer in die von außen sichtbaren Maschenschlaufen gearbeitet. Pro Reihe wird also immer zwischen vorderen und hinteren Schlaufen gewechselt. Zu beachten ist hier weiterhin, dass beim Häkeln in die vorderen Schlaufen die Häkelnadel erst in die übernächste und dann in die nächste Masche gestochen wird.

ARBEIT BEENDEN

Endet die Arbeit mit einer Luftmasche, schneidet man den Faden einfach ab und zieht das Fadenende aus der Luftmasche und dann fest.

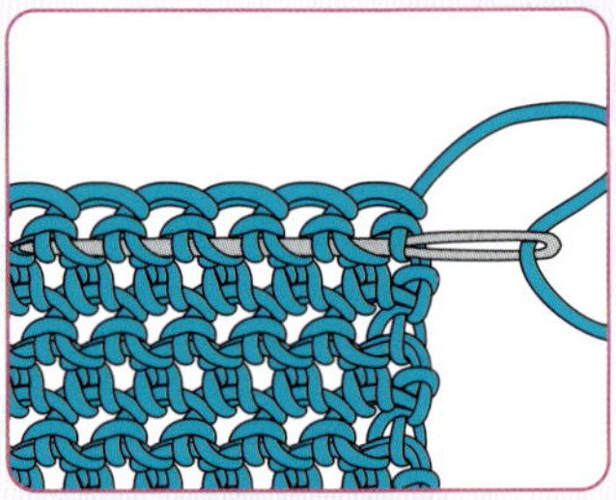

Falls angegeben, zum Vernähen das Fadenende in eine stumpfe Wollnadel fädeln und in die Randmaschen einziehen. Möglichst nicht durch das Garn stechen.

Endet die Arbeit mit einer Kettmasche, schneidet man den Faden ebenfalls ab und zieht ihn aus der Kettmasche. Danach fädelt man den Faden von vorne durch die folgende Masche und dann von oben wieder durch die Kettmasche (= durch die hintere Schlaufe). Damit dies besser hält, das Fadenende nun zusätzlich noch durch die hintere Schlaufe der Masche in der darunterliegenden Runde fädeln.

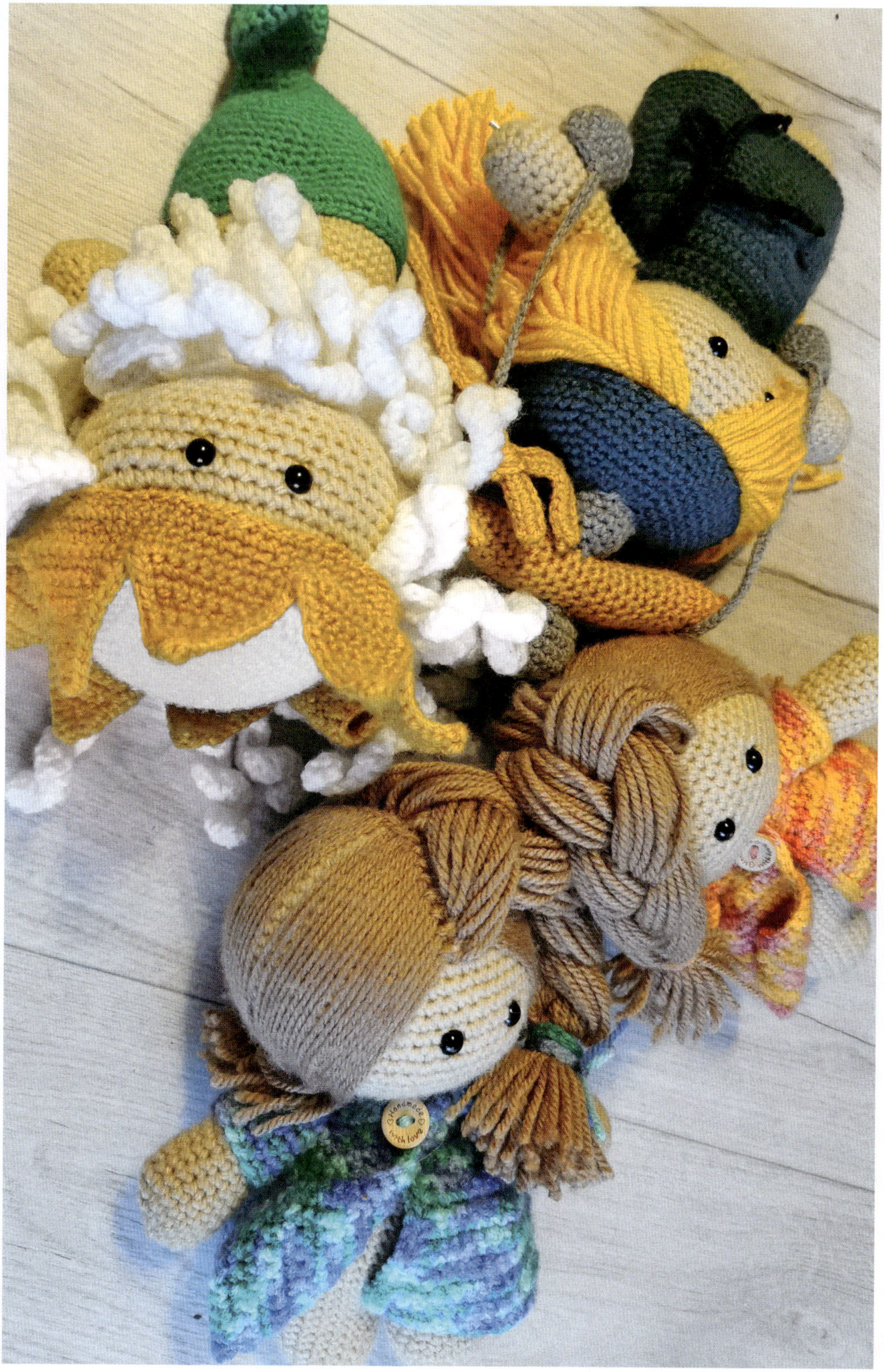

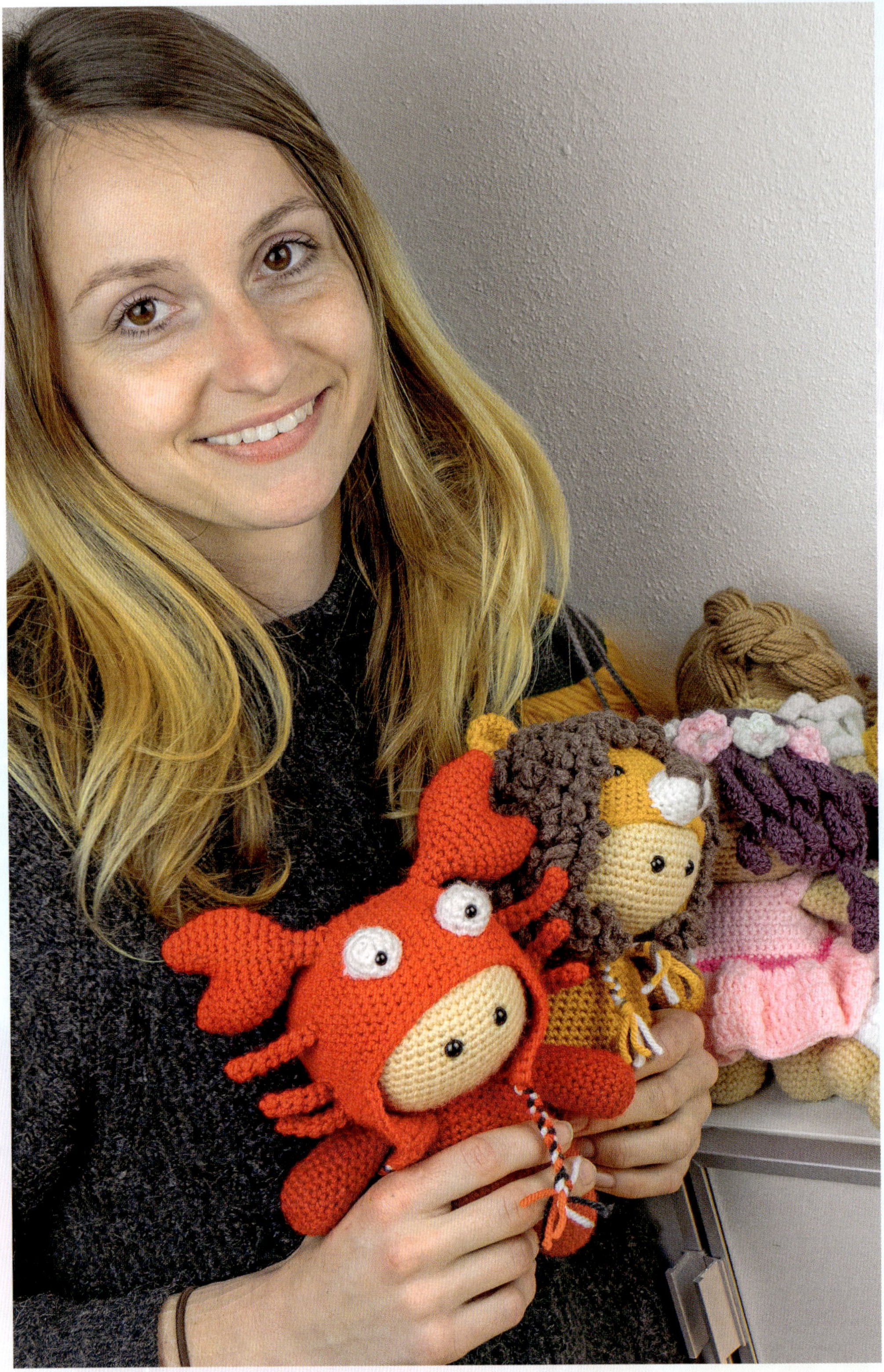

ÜBER DIE AUTORIN

Ich bin Franzi, 29 Jahre jung, absolut häkelsüchtig und wollvernarrt. Seit mittlerweile sieben Jahren häkle ich in meiner Freizeit leidenschaftlich Amigurumis. In dieser Zeit habe ich bereits mehrere Hundert Tiere gehäkelt und es gibt nichts, was es nicht gibt. Vom Hund über Giraffe zu Meeresbewohnern oder Fantasiewesen – mit meinen Häkeltieren kann ich anderen und mir viel Freude bereiten. Bei jedem abgeschlossenen Projekt geht mir das Herz auf. Im Jahr 2021 habe ich meine erste Anleitung ausgearbeitet und prompt ist daraus das erste Buch entstanden. Ihr kennt es vielleicht – die gefeierten »Gamestars 2«. Kurz darauf erschienen die »Big Buddies«, ein wirklich großartiges, einmaliges Projekt. Und nun ein weiteres Buch, hoffentlich nicht das Letzte. Ein Alltag ohne Wolle und Häkeln ist definitiv nicht möglich, wer hält das denn schon aus? Ich bin gespannt, wie es weitergeht, das Leben ist ja immer bereit für neue Überraschungen.

Mal sehen wo die Reise hingeht ... Aber eines ist sicher: Das Häkeln wird mich immer begleiten, und das ist großartig!

Ihr könnt mich gerne auf Instagram unter »@franzi_einfach_tierisch« verfolgen. Ich freue mich, euch dort bei meinen Projekten mitnehmen zu können!

DANK

Ein weiteres wunderbares Projekt, das viel zu schnell zu Ende geht. Auch dieses Projekt wäre allein niemals möglich gewesen. Weshalb ich von ganzen Herzen den Menschen danken möchte, welche mich bei diesem Projekt begleitet und unterstützt haben.

DANKE lieber Christophorus Verlag, für das Vertrauen in meine Arbeit! Vor gar nicht allzu langer Zeit sendete ich euch mein Exposé, in der stillen Hoffnung, euch von meinen Werken zu überzeugen. Offensichtlich erfolgreich, denn nun erscheint bereits mein 3. Buch bei euch im Verlag. Einfach der Wahnsinn!

DANKE liebe Gesi, liebe Melli, liebe Moni, liebe Kati. Ihr seid die weltbeste Testgruppe der Welt. Kein Fehler bleibt unentdeckt. Ihr prüft jede Masche, jedes Komma, jeden Punkt. Ihr häkelt nicht blind, sondern schaut mit Adleraugen auf die Details. Es gibt nichts Schöneres, als am Ende eure Figuren zu sehen und zu sehen, dass sich all die Arbeit lohnt. Ich hoffe, wir werden noch ganz viel weiteres Testmaterial haben.

DANKE liebe Christa, dass du wieder wundervolle Fotos geschossen hast. Ein Buch wird einfach erst durch die Bilder zu einem wirklich tollen Buch! Ein Häkelbuch braucht einfach Bilder, tolle Bilder, neben all den Hieroglyphen namens Häkelanweisungen. Du setzt die kleinen Amigurumis einfach perfekt in Szene!

DANKE liebe Luni, mein kleiner Lieblingshund. Mittlerweile hast du gelernt, dass die Wolle zwar richtig toll ist, aber sie besser nicht um sämtliche Stuhl- und Tischbeine gewickelt und auch nicht heimlich entführt. Das erleichtert meine Arbeit ungemein.

DANKE an all die lieben und wundervollen Menschen in meinem Umfeld. Freund*innen, Bekannte, Verwandte, Arbeitskolleg*innen. Ihr müsst schon einiges aushalten, wenn ich mal wieder nicht aufhöre, von meinen Projekten zu erzählen. Wenn ich aus dem Nichts plötzlich vom Thema ablenke und eure Beratung einfordere. Wir in Meetings kurze Sessions einbauen, um zu klären, welche Kleidungsfarbe eine Waage wohl trägt. Oder wenn ich euch Tausend Mal daran erinnere, wie cool es ist, dass ihr mit einer Autorin befreundet seid. Ich machs wieder gut – ich schwöre.

DANKE, dass ihr alle es möglich gemacht habt, mir einen riesigen Traum zu erfüllen!

Das Wichtigste zum Schluss. Das Wichtigste seid IHR. Die Häkler*innen und Leser*innen!

Wer braucht ein Buch, wenn es niemand liest? Wer braucht eine Anleitung, die niemand häkelt? Ich freue mich so sehr, dass mein Buch es in eure Hände geschafft hat. Ich freue mich, all eure Projekte zu sehen. Ich freue mich, wenn ihr Spaß an den Projekten habt. Zeigt sie her – ich bin gespannt!

DANKE – an die Menschen, die dieses Buch möglich gemacht haben!

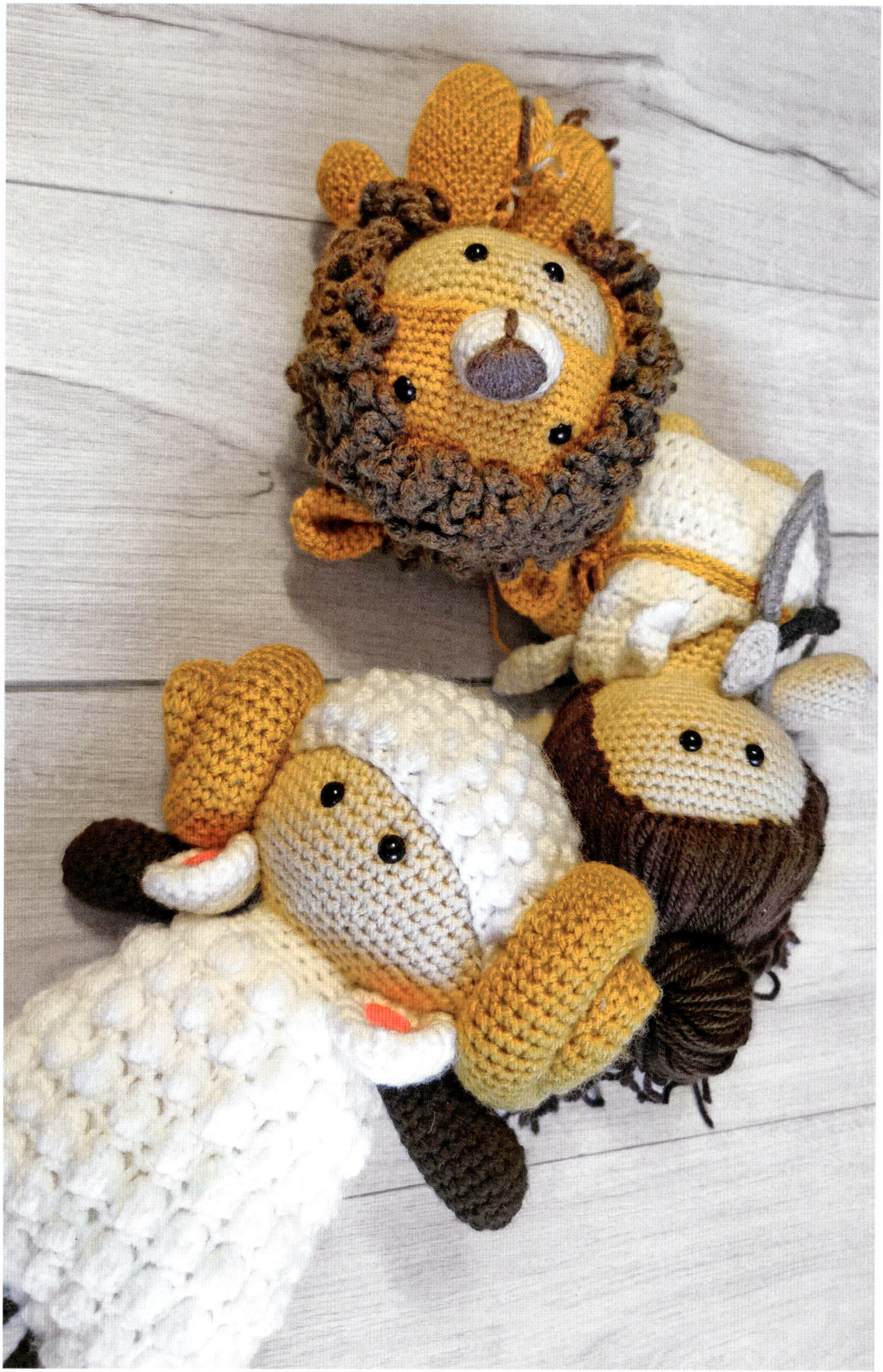

IMPRESSUM

Autorin: Franziska Pfoser
Fotos & Styling: Franziska Pfoser & Christa Klinger
Produktmanagement: Lena Denu
Lektorat: Anna Maier
Korrektorat: Mareike Weber
Umschlaggestaltung: Regina Degenkolbe
Layout und Satz: Marcus Taeschner
Repro: LUDWIG:media
Herstellung: Julia Hegele
Printed in Poland by CGS Printing

★★★★★

Sind Sie mit diesem Titel zufrieden? Dann würden wir uns über Ihre Weiterempfehlung freuen. Erzählen Sie es im Freundeskreis, berichten Sie Ihrem Buchhändler oder bewerten Sie beim Onlinekauf. Und wenn Sie Kritik, Korrekturen oder Aktualisierungen haben, freuen wir uns über Ihre Nachricht an
Christian Verlag, Postfach 40 02 09, D-80702 München oder per E-Mail an lektorat@verlagshaus.de.

Unser komplettes Programm finden Sie unter

www.christophorus-verlag.de

Bildnachweis:
Hintergrund: hanibacom
Illustrationen Sternzeichen: OLANIA, WinWin artlab

Die Deutsche Nationalbibliothek verzeichnet diese Publikation in der Deutschen Nationalbibliografie; detaillierte bibliografische Daten sind im Internet über www.dnb.de abrufbar.

ISBN 978-3-8410-6733-3

Kreativ-Service

Sie haben Fragen zu unseren Büchern und Materialien? Wir beraten Sie gern rund um alle Kreativthemen. Rufen Sie uns einfach an. Wir interessieren uns auch für Ihre eigenen Ideen und Anregungen. Sie erreichen uns per E-Mail kreativ-service@c-verlag.de oder unter der Telefonnummer 0049-89-1306 99 577.

Besuchen Sie uns im Internet: www.christophorus-verlag.de & www.selbstgemacht.de

Ebenfalls erhältlich ...

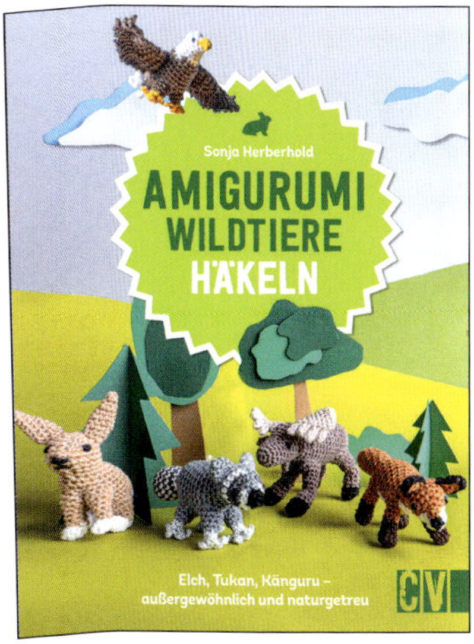

ISBN 978-3-8410-6734-0

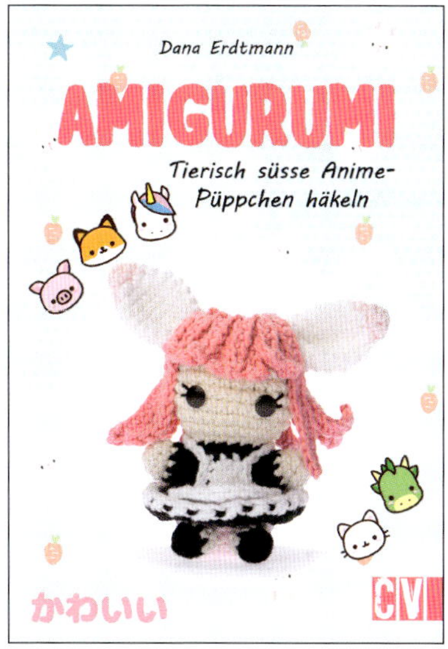

ISBN 978-3-8410-6612-1

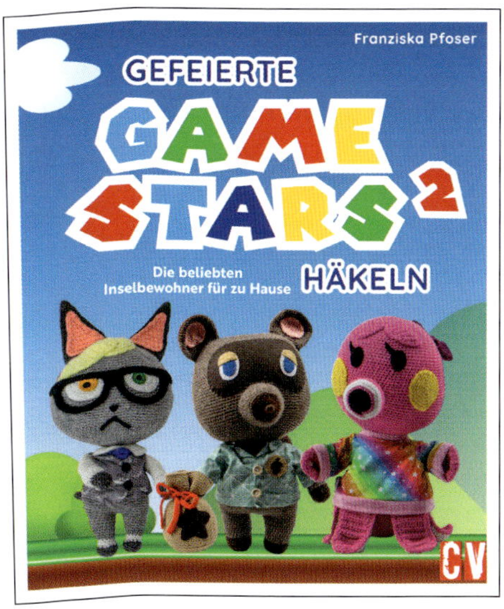

ISBN 978-3-8410-6710-4

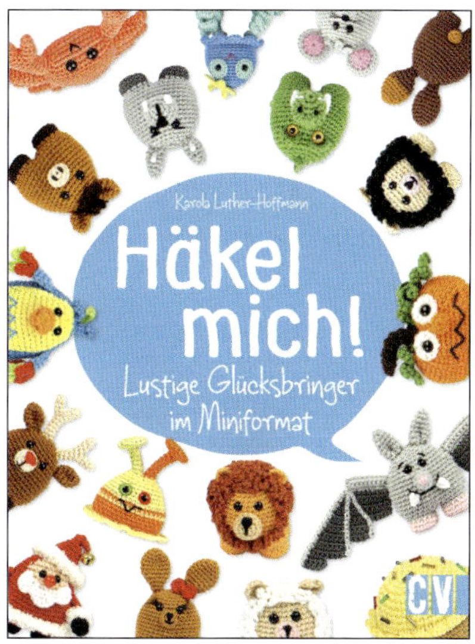

ISBN 978-3-8410-6396-0